불가능하다는 착각

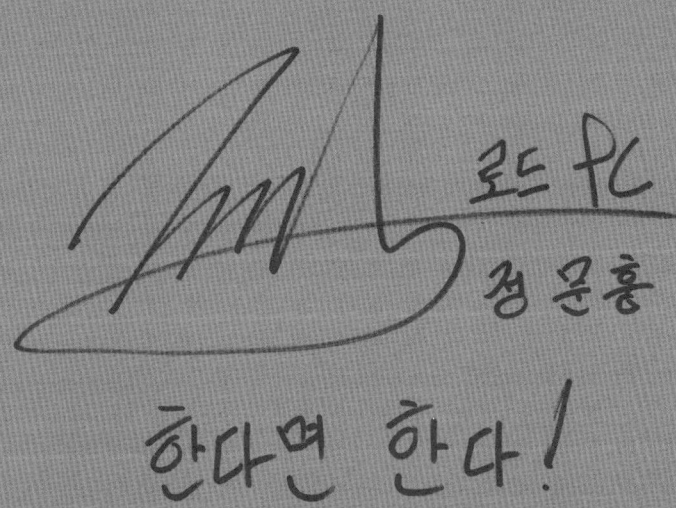

불가능하다는 착각

정문홍 시음

여두m&b

🙢 prologue 🙠

2013년 8월 출판사로부터 처음 책 집필 제안을 받았을 때 수차례 거절 의사를 밝혔습니다. 제가 과연 책을 쓸 자격이 있는 것인지에 대한 의문이 컸고, 기존에 출간된 유명인들의 책처럼 내 삶을 멋지게 포장해야 한다는 것도 제 성향과 맞지 않았기 때문에 거듭된 제안에도 많은 고민을 했습니다. 이후 제 이야기가 사람들에게 어떤 의미가 있을지 긴 시간을 두고 출판사와 대화를 나누었습니다. 많은 대화 끝에 우리는 무척 어렵게 살았던 제 어린 시절, 그리고 모두가 불가능하다고 했던 격투기 산업을 대한민국에 뿌리내리고 성장시킨 과정을 통해 누군가는 희망을 가질 수 있을 것이라는 결론에 도달했고, 그때부터 이 책을 쓰기 시작했습니다.

책을 쓰는 동안 제가 살아온 길을 다시 한 번 돌아볼 수 있었습니다. 저는 어릴 때 키가 작고, 힘이 약하며, 가정 형편도 좋지 않았기 때문에 남들로부터 괴롭힘을 당하기 딱 좋은 학생이었습니다. 안 좋을 수 있는 외부적인 요소는 다 갖추고 태어났다 해도 과언이 아닐 겁니다. 요즘 시대 같으면 다양한 채널을 통해 도움을 요청할 수 있었겠지만, 그때 제가 할 수 있는 건 스스로 강해지는 방법뿐이었습니다. 무시당하지 않기 위해, 괴롭힘을 당하지 않기 위해 남들보다 더 열심히 운동했고, 돈을 벌었습니다. 제게 주어진 환경에 좌절하기보다는 오히려 동기부여로 삼아 이를 악물었습니다.

가난을 극복하고 격투기 사업을 성공시키겠다는 목표를 이루기 위해 정신병에 가까운 집착을 했던 시간, 그로 인해 잃어야 했던 많은 것들이 한 장면 한 장면 떠올랐습니다. 저를 믿고 따르는 제자들의 무조건적인 성공을 위해 칭찬보다 채찍만을 들었던 날들, 오로지 목적 달성만이 제게 주어진 숙명인 것처럼 살아온 날들이 진한 아쉬움으로 되살아났습니다. 성공으로 가는 길이 험해 계획보다 더딜 때면 스스로를 다그치고 나무랐습니다. 그러다가 문득 거울에 비친 내 모습을 보며 과연 무엇을 위해 살고 있는지 괴로워했고, 정신은 말할 수 없이 피폐해져 갔습니다.

하지만 1등을 하고, 부자가 되는 것만이 행복해지는 길은 아니라는 걸 깨닫게 된 이후로 한 발 뒤에서 모두를 위해 정말 도움이 되는 일을 하려 노력하고 있습니다. 로드FC에는 퇴출이라는 말이 없는 것도 이와 같은 맥락입니다. 비록 생각이 맞지 않아 더 이상 함께하지 못하는 선수는 있을지언정 로드FC에서 1등을 하지 못한다고, 실력이 부족하다고 내치는 선수는 없습니다. 승리 없이 4패, 8패를 하더라도 열심히 훈련해 기량이 좋아졌다 싶을 때면 또 한 번 기회를 주는 것이 이제 우리가 추구하는 격투기의 방향이기 때문입니다.

    누구나 한번쯤은 높은 곳을 올려다보며 성공을 꿈꾼 적이 있을 것입니다. 제가 아는 선에서 모두가 불가능하다고 말하는 것을 가능하게 하는 방법은 단 한 가지뿐입니다.
    '살기 위해 발버둥치는 것.'
    요즘 시대에 참 세련되지 못하고, 무척이나 촌스러운 말이지만 그 외에 불가능을 가능하게 만드는 다른 방법을 저는 알지 못합니다. 다만 그 과정에서 아주 조금의 여유가 생긴다면, 너무 많은 것을 잃지 않도록 주위를 잘 둘러보며 나아가기 바랍니다.
    마지막으로 이 책을 보고 있는 여러분에게 꼭 해주고 싶은 말이 있습니다.
    "당신의 삶에 불가능한 일이 있다는 생각은 착각일 뿐입니다."

정문홍

차례

STORY 1
가난이라는 낙인

•••	불공평한 세상에서 살아남기
015	지독한 가난의 그림자
019	엄마와 장사
030	영세민
035	가정폭력
039	돈과 죽음
044	유전무죄 무전유죄
051	비운의 장돌뱅이
057	종잣돈
060	관심병사
065	모함
069	정신병

STORY 2
불가능하다는 착각

··· 겸손이라는 함정
077 첫발
081 성공을 위한 다짐
084 나는 부족한 지도자입니다
088 격투기의 몰락
091 로드FC의 탄생
096 아주 특별한 인연
100 로드FC 부대표 박상민
105 상생
109 소신
115 격투 오디션
120 사랑 나눔 프로젝트
124 세계격투스포츠협회
127 타협하지 않는 규칙
132 대한민국 최고의 해설가
137 킴앤정TV, 가오형LIFE
139 100만 달러 토너먼트
145 큰 그림
151 ARC
156 작은 꿈

STORY 3
극복해야만 했던 거대한 벽

···   싸움의 기술
163   상처와 망각
166   나약함을 극복하며 얻은 것
169   학교폭력에 대한 단상
174   인간관계의 원칙
177   작은 나눔
180   실망과 착각
185   불공정
188   결별
191   비난과 모함의 시작
194   배신

STORY 4
성공으로 가는 길

···   스포츠 비즈니스
201   뜻밖의 제안
204   비즈니스에서 대체 불가한 것
206   로드 멀티 스페이스

208 기적과 같은 일
210 우여곡절
212 중국 비즈니스 1
216 중국 비즈니스 2
219 중국의 잠재력
223 일본 대회 그리고 일본의 격투 문화
228 일본의 낭만 파이터

STORY 5
인연의 무게

••• 인생은 실전
237 선수와 대회사
242 물거품이 된 선의
246 세 번의 인내
252 꺾여버린 날개
255 언더독의 반란
261 국가대표에서 야쿠자가 된 파이터
264 두려움을 극복한 북파공작원
268 코가 커서 불리했던 개그맨 이승윤
272 타고난 싸움꾼 개그맨 윤형빈
276 의리의 기부천사 영화배우 김보성
281 일상과 이상

STORY 6
식구가 된 사람들

285 격투기의 제왕, 의리의 아이콘
288 한국 격투기의 보물
291 격투기를 통해 내가 얻은 것
295 인연과 이연
299 우리 관장님
304 로드FC 그리고 정문홍 대표
306 대한민국 격투기 역사상 최고의 호구

| STORY 1 |

가난이라는 낙인

○

불공평한 세상에서 살아남기

세상은 원래 불공평합니다.

모두가 똑같이 잘사는 세상은 없어요. 태어날 때부터 다른 환경에서 시작을 하게 되니 어쩌면 그건 당연한 일이죠. 그러나 누구 탓을 할 필요도 없고, 절망할 필요도 없습니다. 어딘가에는 나보다 훨씬 더 어려운 환경에서 시작하는 사람이 있기 마련이고, 운 좋게도 우리는 자본주의 사회에서 살고 있기 때문입니다. 비록 출발점은 다르지만, 노력 여하에 따라 누구나 얼마든지 일할 기회를 얻을 수 있다는 건 정말 큰 행운입니다.

자신이 넉넉하지 않은 환경에서 태어났고, 그 굴레를 벗어나고 싶다면 일단 할 수 있는 일은 가리지 말고 해야 합니다. 무슨 일이든 해서 백만 원이든, 천만 원이든 종잣돈을 만들고 그 돈으로 창업에 도전하라고 말해주고 싶어요. 요즘은 시간제로 할 수 있는 일들이 많으니 의지만 있으면 종잣돈을 만드는 게 그리 어려운 일은 아닙니다.

편의점이나 마트에 가보면 유통기한이 얼마 남지 않은 제품을 매우 저렴

하게 판매하는데, 그런 음식으로 끼니를 때우며 악착같이 돈을 모아야 합니다. 집에서 멀리 떨어진 곳에서 일을 하게 되면 방값을 아끼기 위해 찜질방에서 자거나 차에서 자는 것도 감수하겠다는 의지를 가져야 해요.

가끔 자신의 노력과 희생 없이 많이 가진 사람의 것을 빼앗아 배를 채우려고 하는 사람들을 볼 수 있는데, 그 순간은 배부를 수 있어도 그런 마인드로 세상을 살아가려 한다면 결국 언젠가는 굶어 죽게 될 겁니다.

한 번뿐인 인생 자신의 행복을 위해 즐기면서 살자는 '욜로족', 일과 삶의 균형을 중시하자는 '워라밸' 같은 말들에 눈길을 주어서는 안 됩니다. 원하는 것을 편하게 얻을 수 있을 것 같은 말, 삶의 질을 먼저 생각하라는 말들에 현혹되지 마세요. 세상에는 나를 밟고 올라서려는 수많은 경쟁자들이 쉬지 않고 노력하고 있습니다.
절실함이 없으면 가난은 우리 곁에서 떠나지 않을 거예요.

지독한 가난의 그림자

강원도 원주시의 어느 마을.

강원도 원주에서 대표적으로 못사는 동네였어요. 부모님께 항상 듣는 얘기로 아주 예전에는 거기가 사람이 죽으면 묻는 공동묘지 같은 곳이었다고 합니다. 집을 짓다보면 해골이 나오고 그랬었던 곳. 저는 그런 동네에서 태어나고 자랐습니다.

지금으로 치면 다세대 주택이라고 할 수 있는, 당시 다세대 판잣집 단칸방에서 월세를 살았어요. 가운데 마당이 있고, 대여섯 가구가 둘러싸고 생활하는 형태의 집. 공동화장실을 쓰면서요. 많은 사람들이 하나의 화장실을 이용해야 하다보니 매일 아침이면 화장실을 사용하기 위해 난리가 나곤 했습니다. 마당 가운데에는 수도가 있었는데, 지금처럼 수도꼭지를 돌리면 물이 나오는 게 아니라 사람이 손잡이를 상하로 움직여서 수동으로 물을 끌어올리는 형태의 작두 펌프였습니다. 겨울이면 펌프가 꽁꽁 얼어 뜨거운 물로 녹인 후 빨래와 설거지를 하며 살던 곳이었어요.

그런 기억이 납니다.

길거리의 고물을 주워 고물상에 팔곤 했어요.

남의 집 대문이 열려있으면 찌그러진 양은 세숫대야 같은 것들을 들고 나와 고물상에 파는 친구들도 있었어요. 비록 찌그러지긴 했지만 쓰는 건지 안 쓰는 건지 모르는데, 아마도 곧 버릴 물건이라고 생각하고 싶었겠죠. 소주병 같은 것들을 줍기도 하고…. 고물을 가져가면 보통 몇 백 원에서 돈 천 원 정도를 받았습니다.

어렵게 살던 시절이고 가난한 동네였지만, 그때도 잘사는 친구들은 단독 마당이 있는 집에서 자기 방을 쓰며 살았어요. 우리 주인집도 우리가 사는 다세대 판잣집과 붙어있었는데, 주인집은 기와집이었죠. 부자였어요.

아버지가 만날 술을 먹고 들어와서 깽판을 치니까 주인아주머니와 싸우는 게 일이었어요. 시장에서 행상을 하시던 엄마가 저녁에 들어오면 주인아주머니는 엄마를 불러 아버지에게 들었

—
초등학생 시절 유일한 증명사진

—
원주시 일산초등학교 운동회 날 친구와 함께

던 욕설에 대해 항의하며 방을 빼라고 했죠. 그럴 때면 엄마는 죄송하다고 살려달라고 빌어야 했어요. 보증금 50에 월 몇 만 원짜리 방에서 살았기에 집을 옮기기가 어려웠죠. 그런 일이 반복되면 결국 쫓겨났고, 어릴 때 그 동네에서만 수십 차례를 옮겨 다니면서 살았습니다.

당시 집들은 난방을 위해 연탄을 사용했는데, 뜨거운 물이 나오지 않아서 아주 커다란 솥을 올려놓고 24시간 물을 끓여 더운물을 사용했어요. 연탄가스를 마셔서 몇 번이나 죽을 뻔한 고비를 넘기기도 했죠.

아버지의 주사 때문에 쫓겨나면 돈이 없어 단독 판잣집은 구하지 못하고, 다가구 판잣집 중에서도 싼 데만 찾아다녔는데, 이사를 가도 어차피 며칠 되지 않아 또 같은 일이 반복되었죠. 나중에는 아버지에 대한 소문이 퍼져서 더 이상 이사 갈 집이 남아있지도 않았습니다.

엄마와 장사

저는 늘 엄마가 불쌍했어요.

초등학교에 다니던 시절, 학교가 끝나면 3~4시에 엄마가 장사하는 원주중앙시장으로 찾아가 밤 9시 정도까지 엄마를 도와 장사를 함께했습니다. 시장에서도 우리 자리가 따로 있는 것이 아니었기에 엄마는 남의 가게 앞이나 길모퉁이 기둥 밑에서 작은 세숫대야에 사과를 몇 개 놓고 팔기도 하고, 봄에는 냉이 같은 것들을 직접 캐다가 팔기도 했어요.

지금 떠올려보면 그 당시 겨울은 정말 엄청 추웠습니다. 어쩌면 그렇게 추웠는지, 그 추위에 어떻게 길바닥에서 견디며 장사를 했는지 모르겠네요.

언젠가 한창 춥던 겨울날, 원주의 한 유명 안경점 앞에서 장사를 할 때였습니다. 그 집은 원주에서 안경 가문이라고 할 수 있는 집이었어요. 조금 떨어진 곳에 또 다른 유명 안경점을 가지고 있었거든요. 주인 할머니는 덩치가 마치 장군처럼 크셨죠. 당시 저희 엄마는 안경점 앞길에서 장사를 하는 대가로 할머니에게 매달 7만 원을 내고 있었습니다. 가게 앞 땅바닥에 대한 자릿세였던 거죠. 안경점이 사거리 모퉁이에 위치하고 있었기에 나름 시장통에서는 매우 비싼 땅이었지만, 그 길바닥이 주인 할머니의 땅은 아니었음에도 조금이라도 좋은 자리에서 장사를 하기 위해 엄마는 자릿세를 냈습니다. 아마 한번 냈으니까 계속 자릿세를 내야 하는 것이라고 생각한 듯합니다. 안타깝지만 누구에게 따질 수도 없었고, 돈이 많은 사람들은 지위도 높아 보였기 때문에 그냥 그렇게 살았던 것 같아요.

너무 추운 날 손님이 없을 때면 주인 할머니는 가게 안에서 잠시 몸을 녹일 수 있게 해주시곤 했어요. 하지만 창밖에 손님이 보이면 초라한 행색의 엄마와 나는 얼른 밖으로 나와야 했습니다. 하루는 엄마와 함께 추위에 떨며 장사를 하고 있는데, 학교 친구가 안경점으로 들어가는 거예요. 저도 모르게 움츠러들면서 숨게 되더군요. 창피했거든요. 하지만 친구는 분명히 저를 봤고, 아마 저라는 걸 알았을 겁니다. 그런데 친구도 모르는 척해 주더라고요. 친구는 안경점 주인 할머니의 손자였고, 가끔 들러

용돈을 받아 갔는데, 문밖에 제가 엄마와 장사를 하고 있으면 빨리 돌아가곤 했습니다. 가게를 나서는 친구의 손에는 항상 만 원짜리 지폐가 들려있었는데, 당시 그 금액은 엄마와 내가 하루 동안 버는 것보다 많은 돈이었어요. 그런 모습을 볼 때면 제 마음은 더 초라해지고 추웠던 것 같습니다.

우리가 장사하던 안경점의 길 건너편에는 또 다른 안경점이 있었는데, 그 집 딸 역시 같은 반 친구였어요. 얼굴도 예쁘고 공부도 잘해서 인기가 많던 아이였죠. 그 아이는 안경점 근처가 집이었기 때문에 더욱 자주 마주칠 수밖에 없었습니다. 그 친구는 착하고 속이 깊은 아이여서 저와 눈이라도 마주칠까 항상 조심하는 모습을 보였어요.

저는 어릴 때부터 자존심이 강해서 못사는 모습을 친구들에게 알리고 싶지 않았는데, 그렇게 길에서 장사를 하니 노출이 안 될 수가 없었죠. 엄마를 따라다니지 않으면 숨길 수 있었을 거예요. 하지만 그러기에는 혼자서 고생하는 엄마가 너무 불쌍했습니다. 우리 엄마는 무척 왜소한 체격인데, 아버지에게 욕을 먹고 매를 맞으며 벌벌 떠는 모습, 공포에 질린 엄마의 숨소리…. 그런 것들이 지금도 생생합니다. 도대체 엄마가 무슨 잘못을 했기에 아버지에게 매를 맞아야 하는 건지, 어떻게 이렇게 한 사람을 불쌍하게 만들 수 있는 건지 이해할 수가 없었어요. 그런 엄마를 보고 있으면 어린 저는 너무나 무섭고 안타까운 마음뿐이었습니다. 그래서 정말 이러지도 저러지도 못하는 상황이었죠. 어릴 적 저는 아버지의 그런 모습을 보며 절대 여자와 약자에게 욕을 하거나 폭력을 쓰지 말자고 다짐하곤 했어요. 요즘 같은 세상이라면 벌써 이혼을 생각했겠지만, 그 당시 어머니들은 그저 운명이라 생각하며 참고 살았습니다. 저 역시도 그랬고요.

엄마는 저를 마흔에 낳으셨습니다.

제가 엄마와 함께 장사를 할 때가 10살 즈음이었으니까 엄마 나이가 50세 정도 되었을 때였는데, 시장에서 고생만 하고 살았기 때문에 새카만 얼굴에 초췌한 모습이었어요. 게다가 저를 낳고 얼마 지나지 않아 뇌졸중에 걸려 얼굴이 비뚤어져 있었습니다. 추우면 얼굴이 더 돌아가는 거예요. 일그러지는 거죠. 장사를 마치고 녹초가 돼서 집에 들어가면 여지없이 술에 취한 아버지의 욕설이 쏟아졌고, 밤 9시 엄마는 부랴부랴 저녁상을 차렸습니다. 고기반찬이 없으면 아버지는 밥상을 벽에 집어던졌고, 집은 온통 김칫국물로 범벅이 되기 일쑤였어요. 그래서 우리 집 벽지는 다 신문지였습니다. 하루가 멀다 하고 그런 일이 있었으니 벽지를 사서 붙이기에는 감당이 안 됐어요. 밥풀로 풀을 만들어 신문지를 벽에 붙이던 기억은 지금도 생생하네요. 벽뿐만 아니라 창호지 문도 아버지가 발로 차서 남아나질 않았죠. 그렇게 한밤중에 집에서 쫓겨나면 엄마와 나는 골목길 가로등 밑에서 추위에 벌벌 떨다가 새벽녘이 되어서야 들어가곤 했습니다.

그래도 늦은 저녁 장사를 마친 후 엄마 손을 잡고 집으로 걸어 올라가던 그 시간, 그 길은 참 행복했습니다. 장사를 하던 곳에서 집에 가는 길에 돼지갈빗집이 있었는데, 주인집 아주머니가 우리를 불쌍하면서도 좋게 봐주셨어요. 지나는 길에 가게로 불러서 고기를 주신 적도 있었죠. 가게 문밖에는 손님들이 먹다 남긴 음식을 까만 비닐봉지에 담아 강아지 밥으로 내놓곤 했습니다. 한번은 장사를 마치고 엄마 손을 잡고 집에 돌아가다가 키우던 개를 주기 위해 갈빗집에서 내놓은 비닐봉지를 챙겨 들었죠. 추운 겨울 허기진 시간이었으니, 봉지 사이로 모락모락 올라오는 갈비 냄새가 너무 참기 힘든 거예요. 슬쩍 들여다보니 뜯다 남긴 뼈에 살점 붙은 것들이 몇 개 있더군요. 집에 가는 동안 그걸 하나씩 꺼내 먹었어요. 엄마 몰래 먹는다고 했는데, 엄마는 말없이 보고 계셨죠. 어떤 부모라도 자식의 그런 모습을 보면 먹지 말라고 할 거예요. 하지만 우리 엄마는 그걸 사주지 못하니까 맛있게 먹고 있는 자식에게 먹지 말라고 할 수가 없었습니다. 지금 생각해보면 제가 더 참고 먹지 말았어야 엄마가 비참하지 않았을 텐데, 그때 엄마 마음은 정말 찢어졌겠죠.

당시 제 삶은 그랬습니다.

―
초등학교 운동회 날 엄마는 장사 때문에 오지 못하고, 옆집 아주머니가 함께해주셨다.

명절 대목 즈음이면 시장에 사람들이 엄청 많아졌어요. 아마도 그게 제가 처음 했던 장사였을 텐데, 후춧가루를 팔았던 적이 있어요. 엄마는 양말을 팔고, 초등학생이던 저는 옆에서 후춧가루 장사를 했던 거죠. 한 가지만 팔아서는 돈이 안 되니까 엄마가 팔려고 준비해둔 후춧가루 수레를 제가 끌고 다닌 거예요. 신문지를 말아서 고깔 모양으로 만든 후 후추 열매 알을 갈아 한 컵에 몇 백 원씩 받고 팔았어요. 그때는 후춧가루를 슈퍼마켓에서 팔지 않았기 때문에 명절이면 수입이 괜찮았어요. 엄마는 자리에 앉아서 양말 장사를 했고, 나는 수레를 끌고 "후춧가루~"를 외치며 시장통을 왔다 갔다 하면서 생계를 이어갔죠.

장사를 마치고 집에 왔을 때 아버지가 술에 취해 잠들어있는 날이면 엄마와 저는 허리에 맨 전대를 풀어 그날 번 돈을 세어보곤 했습니다. 백 원짜리, 5백 원짜리, 천 원짜리…, 어떤 날 만 원짜리라도 한 번씩 나오면 엄마와 나는 눈을 마주치며 아무 소리도 내지 않고 만세를 불렀죠. 사실 그날 번 돈이 우리 집 전 재산이나 마찬가지였어요. 그렇다보니 다음 날 그 돈으로 내다 팔 물건을 사야 했기 때문에 얼마 되지 않는 돈을 손에 쥔 그 순간이 엄마와 제게는 가장 풍족한 시간이었습니다. 생각해보면 우리 집 전 재산은 10~20만 원을 넘긴 적이 없었던 것 같아요. 후에 알았지만 늘 돈이 부족했던 엄마는 일수 대출을 받아서 썼다고 합니다. 보통은 그렇게 돈을 빌려주는 사람을 나쁜 사람으로만 취급하는데, 그 돈이 없었으면 우리 가족은 아마 살아남기 어려웠을 거예요. 제가 20살 되던 해까지도 우리는 일수 대출을 받아 써야 했거든요.

열심히 살다보니 팔 수 있는 품목이 조금씩 업그레이드되었습니다. 사과, 냉이 같은 것들을 대야에 놓고 팔다가 합판으로 만든 진열대에 양말을 놓고 팔 정도가 되었죠. 자리가 넓어졌으니 안경점 주인 할머니에게는 자릿세를 좀 더 올려줘야 했습니다. 본격적으로 양말 장사를 시작하면서 2~3주에 한 번씩은 동대문 시장까지 가서 양말을 사 왔어요. 새벽 시간 엄마와 내가 원주에서 기차를 타고 청량리역에 도착하면 청량리역부터 동대문까지는 버스를 타고 갔어요. 그렇게 신평화, 구평화 시장까지 가서 천 원에 10켤레짜리 양말을 사 왔죠. 멀리까지 가서 물건들을 사 오다보니 엄마는 품목을 조금씩 늘리고 싶어했습니다. 내의 같은 것들을 추가하려고 새벽 시간 동대문 일대를 열심히 뛰어다녔어요.

당시 동대문에는 떡볶이, 어묵, 튀김 같은 분식들을 팔던 포장마차가 즐비했습니다. 엄청 먹고 싶었죠. 지금 같으면야 마음껏 먹으라고 하겠지만, 당시는 돈이 없으니 우동을 한 그릇만 시켜서 제게 먹고 있으라 하고 엄마는 또 분주히 물건들을 사러 다녔습니다. 우동을 먹고 엄마를 기다리고 있으면 멀리서 작은 우리 엄마가 엄마보다 더 큰 짐을 양쪽 어깨에 메고 나타났습니다. 제게 걸어오다가도 사람들에 밀려 넘어지기 일쑤였어요. 그 모습을 본 이후 저 혼자 우동을 먹는 일은 없었습니다. 엄마를 더욱 따라붙을 수밖에 없었어요.

그렇게 천 원에 10켤레짜리 양말을 사 와 시장에서는 천 원에 3켤레씩 팔았습니다. 양말을 살 때 제가 엄마를 따라가면 상인들이 양말을 1~2켤레씩 더 주셨어요. 불쌍해 보였던 거죠. 저도 그분들이 저를 불쌍하게 바라본다는 걸 알았어요. 불쌍하게 비친다는 건 제 자격지심일 뿐 기특하게 생각하셨을 수도 있겠죠. 엄마를 돕고 싶다는 마음으로 한 행동이지만, 어쨌든 그때부터 저는 '아, 내가 엄마를 따라다니면 내 차비 정도 몫은 하겠구나'라는 걸 알게 됐죠. 그런 계산을 하게 되더라고요.

장을 다 본 후 동틀 무렵이 되면 엄마와 저는 지하철 1호선을 타고 다시 청량리역으로 갔어요. 그때 얼마나 지긋지긋하게 그 길을 다녔는지, 그 이후 저는 한 번도 서울의 지하철 1호선을 타본 일이 없는데 '동대문-신설동-제기동-청량리'로 이어지는 노선을 지금까지도 기억합니다. 그렇게 청량리역에서 기차를 타고 원주에 도착하면 아침 8시가 넘었기 때문에 부랴부랴 집까지 가서 가방을 가지고 학교에 뛰어갔죠.

힘들게 멀리까지 가서 물건을 사 와도 잘 팔리지 않는 날이 많았어요. 솔직히 엄청 추워 종종걸음으로 걷기 바쁜데 누가 길바닥에 놓인 양말에 눈길을 주겠어요. 그럴 때면 저는 엄마를 잠깐 옆으로 보내고 직접 양말을 팔곤 했습니다. 아주머니들이 지나갈 때 "양말 사세요~ 양말 사세요~"라고 외치면, 힐끗 보고 지나치려다가 멈춰서 양말을 사 가는 분들이 계셨어요. 천 원을 내고 한 켤레만 달라고 하는 경우도 종종 있었죠. 거스름돈은 받지 않고요. 그럴 때면 '추운 날 어린아이가 길에서 장사를 하고 있으니 예쁘게 보는 건가?', '구걸을 한다고 생각하나?' 여러 가지 생각이 들었습니다. 그때 저는 어린 마음에도 동정심 유발이 장사에 도움 된다는 것을 깨달았고, 엄마와 장사를 한 경험은 이후 다양한 사업을 할 때 큰 자산이 되어주었습니다.

—
엄마와 나

영세민

학교 다닐 때 상담을 위해 부모님을 모시고 오라고 하면 너무 싫었어요. 늙고 초라한 행색의 엄마가 학교에 온다는 게 무척 창피했거든요. 엄마가 학교에 와서 저를 찾으면 친구들이 "문홍아, 할머니 왔어"라고 말하곤 했죠. 놀리는 게 아니라 친구들 눈에는 진짜 그렇게 보였던 거예요. 자존심 강했던 저는 그럴 때마다 정말 쥐구멍에라도 들어가고 싶을 정도로 창피했습니다. 교무실에서 선생님과 엄마가 이야기를 마치면 선생님은 저를 불러 교실 앞 복도에 서서 엄마에게 마무리 인사를 시켰는데, 교실 안에서 창문을 통해 엄마와 저의 모습을 지켜보는 친구들의 시선이 느껴져 그 짧은 시간조차 얼마나 부끄러웠는지 모릅니다.

지금은 고등학교까지도 무상교육 대상이지만, 옛날에는 학비를 내고 다녔어요. 교납금, 육성회비라고 하는데, 종례 시간에 선생님이 학생들에게 한 명씩 교납금 안내 봉투를 나눠 주셨죠. 친구들은 모두 누런 종이봉투를 하나씩 받아 들었지만, 제 것만 붉은색이었어요. 영세민용은 달랐거든요. 평범한 가정의 아이들보다 학비가 훨씬 적었기에 감사한 일이었으나, 당시에는 큰 상처를 받았습니다.

집 소유 여부, 재산 규모 등을 적어 내야 하는 가정환경 조사 역시 마찬가지였죠. 지금 생각해봐도 학교에서 그런 걸 왜 조사했는지 모르겠어요. 심지어 우리 집은 전화도 없어서 주인집 전화번호를 적어 내야 했는데, 한번은 선생님이 가정방문을 하신다며 방과 후에 학생들 집으로 전화를 건 적이 있었어요. 다음 날 아침 조회 시간에 선생님은 "문홍아, 너희 집은 계속 전화를 다른 사람이 받던데, 잘못 적어 낸 거 아니니?"라고 물으셨죠. 저는 벌겋게 달아오른 얼굴로 "맞는데요…, 그럴 리가 있나요…"라고 말했어요. 친구들 보기에 너무 창피한 나머지 거짓말을 할 수밖에 없었습니다. 바로 다음 날, 다시 전화를 걸어봤던 선생님의 꾸지람에 결국 사실대로 말해야 했지만, 그때 저는 정말 비참했습니다. '선생님은 그걸 꼭 친구들 앞에서 물어봤어야 하나', '세상은 대체 왜 이런 걸까' 모두가, 모든 것이 원망스러운 마음뿐이었어요.

며칠 후 선생님이 반장과 함께 집으로 가정방문을 나오셨어요. 저는 그때 집에 없어서 몰랐는데, 집에는 아버지가 계셨습니다. 다음 날 학교에 갔더니 반장이 "문홍아, 어제 너희 집에 갔었다. 너희 아빠 만나고 왔어" 그러더군요. 그 말을 들으니 갑자기 머릿속이 하얘졌어요. '아버지가 술에 취해서 또 무슨 짓을 했을까…' 그 짧은 순간 걱정이 밀려오더군요. 다행히 별일은 없었지만, 다 쓰러져가는 판잣집을 같은 반 친구와 선생님께 보인 것이 마치 제 속살을 들킨 것 같아 무척 창피했던 기억이 납니다.

　　　그런 시절을 보냈어요.

　　　매일 엄마를 따라서 장사를 나갈 수는 없었어요. 학교 끝나고 시장을 가더라도 먼저 집으로 와서 숙제와 공부를 했죠. 방과 후 집에서 숙제와 공부를 하고 있으면 술 취해 주무시던 아버지가 깨어나 동사무소 가서 밀가루, 라면을 받아 오라고 할 때가 있었어요. 창피해서 가기 싫었지만, 억지로 갈 수밖에 없었습니다.

　　　동사무소 문을 빼꼼히 열고 들어가 직원에게 아버지 이름을 대면 한쪽 구석에 쌓인 물건 중 하나를 가져가라고 했어요. 쌀(당시 정부미), 라면 같은 것들이었는데, 사실 초등학생이던 제가 들고 가기에는 무척 버거웠죠. 그래도 빨리 나가고 싶어 서둘러서 물건을 챙겨 나가려는데, 저를 불러 세우더군요. 영문을 몰라

―
엄마가 장사하던 차림으로 졸업식에 오셨다.

멀뚱히 있으니 어떤 아저씨가 옆에 서서 사진을 찍더라고요. 무슨 상황인지도 모른 채 얼른 찍고 집으로 돌아왔습니다.

며칠 후 우연히 마을신문 같은 것을 보게 됐는데, 제 사진이 떡하니 실려있더군요. 정말 죽고 싶을 정도로 창피했어요. 치욕스러웠죠. 그때 제가 학교에서 육상부였는데, 운동을 하다보니 승부욕도 있고, 자존심도 강해서 없어 보이지 않으려고 옷도 항상 깨끗하게 빨아 입고 다녔거든요. 그런데 가난을 감추기에는 제 주변의 그늘이 너무 길었던 거예요. 학교에서 가정방문을 하질 않나, 엄마를 학교로 오라고 하질 않나, 시장에서 장사를 하고 있으면 학교 친구를 만나질 않나, 동사무소에서 영세민 지원 사진이 찍혀 마을신문에 나오질 않나….

제가 아무리 아닌 척해도 제게 묻어있는 가난의 향이 너무 짙었던 거죠. 그래서 저는 어릴 때부터 어떻게 해서라도 가난을 극복해야 한다는 생각이 무척이나 강했습니다. 그리고 제가 만약 훗날 부자가 되어도 돈의 힘을 이용해 절대 사람들을 농락하지 말자고 다짐했어요. 선의를 베풀더라도 꼭 받는 사람의 입장에서 생각해보고 배려하겠다고요.

가정폭력

너무나 무섭고 고통스러운 말이지만, 부모를 죽이고 싶다고 말하는 사람들을 감히 저는 이해할 수 있습니다. 만약 그것이 가정폭력에 의한 것인데 가해자가 아버지라면, 아버지를 죽이고 싶은 것이 아니라 엄마를 지키고 싶은 마음이라는 걸 압니다. 아무 이유 없이 아버지를 죽이고 싶은 사람이 어디 있겠어요. 엄마를 살리기 위해서 아버지를 죽이고 싶다고까지 하는 그 사람의 현실을 공감할 수 있을 것 같아요. 제가 그런 환경에서 자랐기 때문에 어릴 때부터 저 역시 그런 생각이 머릿속에 가득했습니다. '이렇게 가만히 두면 아버지가 엄마를 죽일 것 같아', '저런 아버지는 차라리 죽는 게 나을 수도 있어', '아버지가 길을 가다가 교통사고 나서 죽었으면 좋겠다, 그래야 엄마가 살 수 있을 거야' 이런 무서운 생각들….

　뉴스를 보면 세상에 사건 사고들이 무척 많이 일어나는데, 저는 항상 어떤 사건에 대해 드러나지 않은 이면을 보려고 합니다. 누군가 누구를 살해했다는 기사를 볼 때면 '왜 죽였을까' 하는 생각을 해보죠. 물론 이유 없이 사람을 죽이는 범죄자도 있고, 어떤 이유라도 사람이 사람을 죽인다는 것은 절대 있어서는 안 될 일이지만, 상황에 따라 무슨 사정이 있었던 것은 아닐까 하는 생각이 들 때가 있어요. 내가 겪은 어린 시절의 일을 떠올려보면, 이해할 수 있을 것 같거든요. 사람들은 폭력에 노출된 환경에서 자란 아이들이 어른이 되면 똑같이 행동하게 된다고 말합니다. 다양한 사례가 있으니 제가 맞다 틀리다 할 수는 없지만, 최소한 저는 그렇지 않습니다. 저는 항상 피해자와 함께였기 때문이죠.

　엄마는 언제나 아버지를 두려워했습니다.
　저야 다 큰 이후로 아버지에게 맞고 살지 않았지만, 엄마는 여전히 자신을 보호할 방법이 없었거든요. 고심 끝에 아버지를 요양원에 보내기로 했습니다. 알코올 중독을 치료하면 조금 나아질 수 있을 거라 생각했죠. 그러나 아버지 본인은 절대 가지 않겠다고 버텼고, 결국 강제로 차에 태울 수밖에 없었습니다. 그 장면은 지금도 제 기억 속에 생생히 남아있어요.

요양원은 당시 한 달에 백만 원을 넘게 내야 할 만큼 비싼 곳이었습니다. 비용이 큰 부담이었지만, 저는 자식 된 도리를 한다는 생각을 했어요. 아니, 오히려 비싼 곳에 모셨으니 효도를 하고 있다고 스스로 위안을 했죠. 아버지가 집에 없으니 엄마는 더 이상 마음 졸이며 살지 않아도 됐습니다.

아버지가 요양원에 들어간 지 얼마 지나지 않아 면회를 갔습니다. 방에 들어가 보니 아버지는 침대에 묶여있고, 저를 보자 풀어달라고 애원을 하더군요. 하지만 병원 측에서는 잠시 풀어줬다가도 조금만 난동을 부리면 가차 없이 다시 묶기를 반복했습니다. 아무리 미운 아버지라도 보고 있기에 너무 마음이 아팠어요. 다시 모시고 오자니 엄마가 불행해질 테고, 그대로 두자니 아버지가 너무 불쌍하고… 어떤 선택도 하기가 어려웠죠. 집으로 돌아와 몇 날 며칠을 어떻게 해야 할지 고민하던 중 아버지는 병원에서 돌아가셨습니다.

사실 아버지를 요양원에 보낼 때 그곳에 들어가면 살아서 나오지 못할 거라는 걸 직감할 수 있었어요. 그러나 엄마를 살리고 싶었습니다. 마지막 면회 때 아버지의 그 울부짖음이 불현듯 한 번씩 떠오르면 지금도 착잡한 마음을 금할 수가 없습니다.

—
의무경찰 입대 후 경찰학교에 면회를 온 어머니, 조카, 아버지

돈과 죽음

제게는 두 명의 형이 있었습니다.

큰형은 넝마주이였어요. 헌 옷이나 폐품처럼 재활용할 수 있는 것들을 주워 고물상에 파는 일을 하며 먹고살았죠. 술에 취해 사는 아버지에 의해 일찌감치 집에서 쫓겨나 객지 생활을 했어요.

제가 초등학교 때였는데, 하루는 천주교의 신부님 두 분이 집으로 찾아왔어요. 큰형 이름을 대며 사망했다고 말해주더군요. 그 얘기를 듣고 늘 술에 취해있던 아버지는 "나는 그런 자식 둔 적 없어!"라고 말하는 거예요. 저는 어린 마음에도 어떻게 저런 아버지가 있을 수 있나 싶었죠. 자기 자식이 죽었다는데 그런 식으로 말을 하는 게 도무지 이해가 안 됐어요. 당시 무연고자 시신과 관련해 천주교에서 많은 도움을 줬다고 하더군요. 천주교에서 큰형의 시신을 수습했고 그걸 알려주러 왔는데, 아버지가 그렇게 말을 하니 이후 천주교에서 화장을 시켰다고 하더라고요. 그때는 어린 나이라 정말 이해가 안 됐지만, 지금 돌아보면 아버지는 먹고살 것도 없는데, 장례를 치르거나 할 상황이 아니었다고 생각한 것 같아요.

그렇게 큰형은 길에서 살다가 객사를 했습니다. 굶어 죽었는지, 얼어 죽었는지 지금도 몰라요.

7살 위의 작은형은 중학교를 졸업하고 공장을 다녔습니다. 아마도 아버지가 고등학교를 보내지 않았던 것 같아요. 1986년 우리나라에서 개최한 아시안게임의 마스코트가 '호돌이'였는데, 호돌이, 호순이 인형을 만드는 공장에 다니던 작은형은 제게 그 인형들을 가져다주곤 했어요. 월급을 받으면 용돈을 주기도 했죠. 그런데 중학생 나이밖에 안 됐으니 공장에서 맞기도 하고 많이 힘들었나봐요. 그러다가 공장에서 쫓겨났고, 형은 달고나, 뽑기 장사 같은 걸 하며 살았습니다. 형과 저는 성격이 많이 달랐어요. 아버지에게 혼나고 매 맞고 그럴 때면 형은 집을 뛰쳐나가 방황했어요. 불우한 가정에서 자라 삐뚤어진 케이스라고 할 수 있죠.

작은형이 20살 되던 해, 집에 동갑내기 형수를 데려왔습니다. 몇 년 후 첫째 아기를 낳고, 형수의 뱃속에 둘째가 자라고 있을 무렵, 어느 날 형수로부터 연락이 왔어요. 당시에는 호출기 일명 '삐삐'라고 부르던 것으로 연락을 하던 시절이었는데, 작은형이 사고를 당했다는 소식이었습니다. 그날 작은형은 아침에 저와 다투고 나갔어요. 밖에서 자꾸 말썽을 부리고 다니니까 제가 한마디 했고, 티격태격했던 거죠. 멀쩡히 외출한 사람이 갑자기 위독하다고 하니 순간 정신이 멍해지더군요. 그때 저는 90만 원짜리 중고 봉고차를 사서 타고 다니며 길거리에서 옷 장사를 하던 때였는데, 소식을 듣고는 급히 형수를 태우고 사고가 난 장호원으로 향했습니다.

    도착을 해보니 상황이 심각했고, 현지 병원에서는 치료가 불가능해 서울의 중앙대학교병원으로 후송을 하게 됐습니다. 저는 구급차를 타고 의식이 없던 형과 함께 이동했어요. 구급차에 탔더니 튜브 같은 것을 눌러 산소를 공급하게 되어있었는데, 저보고 1~2초마다 한 번씩 누르라고 하더군요. 그렇게 1시간 가까운 시간 동안 산소를 공급하면서 형의 죽어가는 모습을 지켜봤습니다. 만날 말썽만 부리고, 티격태격하며 지내던 형이었지만, 자신이 이길 수 없는 상대인 걸 알면서도 불의를 보면 대신 나서서 싸울 만큼 누구보다 순수했던 형의 죽음 앞에서 정말 눈물이 멈추지 않더군요. 겨우 중대병원에 도착해서 중환자실로 들어갔고, 그곳에서 형은 뇌사 판정을 받았습니다. 입원 첫날부터 마르지 않는 눈물을 훔치며, 형이 꼭 살아나기를 바랐죠.

    그런데 하루, 이틀, 며칠이 지나면서 치료비 걱정이 들기 시작하더군요. 열흘 정도 지나니까 치료비 감당이 안 되는 거예요. 병원에서는 뇌사 환자의 경우 그 상태 그대로 1년이 갈지, 10년이 갈지 모른다고 하면서 산소호흡기를 제거할 것인지 묻더군요. 비록 열흘이었지만, 형수는 병실의 보호자석에서, 저는 봉고차에서 숙식을 하며 형의 곁을 지켰는데, 어느 순간 참으로 간사한 마음이 들더라고요. 힘도 들고, 하루 벌어 하루 먹고 사는 상황인데 계속 일을 못하니 병원비 감당도 안 될 것 같고…. 마음속에서는 자꾸만 현실의 속삭임이 들려왔습니다. 어떻게 해서든 형을 살리고 말겠다는 절박한 생각들은 불과 며칠 지나지 않아 희미해지더군요. 물론 뇌사 상태에서 다시 깨어나기 어려운 것은 사실이었습니다. 그러나 100% 불가능하다고도 말할 수 없는 것이기에 호흡기를 제거하겠다는 결정은 너무나 어려운 일이었죠. 하지만 이후 수많은 고민 끝에 형수와 저는 형에 대한 희망을 놓기로 했습니다.

지금도 그 결정이 무척이나 후회로 남아있어요. 뇌사에 빠졌다가 깨어나는 사람들이 간혹 있긴 하니까 돈만 있었으면 끝까지 기다려봤을 텐데, 도저히 그럴 수가 없는 여건이었어요. 그래서 작은형의 죽음은 제 가슴에 큰 상처로 남아있습니다. 저는 제가 그렇게 미워하고 원망했던 아버지와 똑같은 사람이었던 거예요. 큰형의 죽음 앞에서 돈 때문에 모른 척했던 아버지의 모습을 제가 그대로 따라한 거죠. 나는 절대 아버지처럼 살지 않겠

아들이 된 첫째 조카와 함께

다고 다짐에 다짐을 했는데, 정말 중요한 순간에 내게서 아버지가 나왔던 겁니다. 그때 저는 가난이 얼마나 무서운 것인지 깨달았어요.

그렇게 작은형은 세상을 떠났어요. 당시 제 나이가 22살이었는데, 그때부터 지금까지 첫째 조카를 키우는 건 제 몫이었습니다. 이후 작은형수는 재혼을 했거든요. 형도 그렇고, 형수도 그렇고 교육을 제대로 받지 못해 힘든 삶을 살았어요. 형수는 혼자가 되면서 조카 둘을 키우기 어려웠고, 첫째 조카에게는 제가 아버지 역할을 할 수밖에 없었죠. 하지만 그 역할에 많이 부족했습니다.

유전무죄 무전유죄

중학교에 입학하고 얼마 지나지 않아 교내 복도에서 한 친구와 싸운 일이 있었습니다. 친구끼리 싸우면서 더 친해지고 그럴 나이였으니까요. 그런데 마침 수학 선생님이 지나가다가 우리가 싸우는 모습을 본 거예요. 수학 선생님이 다가오시는데도 우리는 싸움을 멈추지 않았어요. 그러자 수학 선생님은 다짜고짜 제 뺨을 때리시더군요. 정말 억울했습니다. 그래서 이 녀석이 제가 가난하다고 놀려서 싸우게 된 거라고 소리쳤죠. 그랬더니 또 때리시는 거예요. 상황을 설명하기 위해 한마디 꺼내려고만 하면 계속 손찌검이 날아왔어요.

도무지 이해도 안 되고 분이 풀리지 않았죠. 저와 싸운 친구는 공부도 잘하고, 집도 잘사는 친구였는데, 나중에 생각해보니

원주 대성중학교 친구들

그게 저만 선생님께 맞은 이유인 것 같더라고요. 그 사건을 계기로 한 가지 결심을 했죠. 공부로 1등을 하기로. 당장 내 힘으로 우리 집이 잘살 수는 없으니까 공부로 승부를 걸자는 생각이었어요. 그때부터 공부를 정말 열심히 했습니다. 너무 화가 났거든요. 얼마나 이를 갈았는지 전국 모의고사에서 100등 정도의 성적을 받기도 했습니다. 중학교 3학년 말쯤에는 학교 전체에서도 성적이 무척 상위권이었어요.

고등학교를 진학한 후 첫 시험을 봤는데, 반에서 10등을 넘었던 것 같아요. 매번 전교 1~2등을 한 것은 아니었지만, 중학교 때는 잠시나마 학교 전체에서 최상위권 성적을 받았기 때문에 반에서 10등이라는 성적은 제게 큰 충격이었죠. 시험 문제를 푸는데 수학, 영어는 거의 모르겠더라고요. 알고보니 다른 친구들은 선행학습을 통해 시험 문제가 출제된 참고서를 벌써 다 배웠던 거예요. 저는 그 유명한 《수학의 정석》, 《맨투맨 기초 영어》, 《성문 기본 영어》 같은 책들을 고등학교 진학해서 처음 들어봤어요. 친구들이 부모님의 보살핌을 받으며 학원을 다닐 때 저는 그렇지 못했던 거죠. 시험을 볼 때마다 성적이 점점 떨어지자 담임선생님이 따로 부르시더군요. 중학교 때 성적이 좋았던 학생인데, 고등학교 올라와서 맥을 못 추니 선생님도 이해가 안 됐던 거예요.

도호병 선생님.

제 담임선생님은 지금도 잊지 않고 연락을 드릴 만큼 훌륭한 분이셨어요. 당시 30대 초반이셨던 도호병 선생님의 아버지는 원주의 유일한 장애인 학교 '원주청원학교' 교장선생님인가 이사장인가였는데, 그만큼 좋은 환경에서 올바른 가정교육을 받고 자라신 분이었죠. 저처럼 가난하고, 방황하는 학생도 끝까지 품에 안고 가는 선생님이었어요. 오히려 공부를 잘하거나, 부잣집 애들은 크게 관심을 주지 않으셨죠. 제가 우리 집이 너무 못살아 자퇴하고 공장을 다니겠다고 하자, 그 돈을 자신이 주겠다며 절대 안 된다고 끝까지 잡아주셨던 분이에요.

　3학년이 되니 주변의 모든 친구들이 본격적으로 대학 입시를 준비하기 시작했습니다. 1~2학년 내내 돈을 벌 궁리만 하던 저 역시 공부를 해보려고 했으나 기초가 없어 쉽지 않더군요. 특히 수학, 화학 같은 과목은 정말 아무것도 모를 정도였어요. 친구들이 입시 요강 같은 것을 찾아보며 시험 준비하는 걸 보고 있자니 대학에 진학할 형편이 안 된다는 것을 알면서도 부러움과 동시에 덩달아 마음이 조급해졌습니다. 입시가 몇 달 앞으로 다가오자 학원이나 과외 등의 도움을 받을 수 없던 저는 일단 무조건 외우기로 결심했습니다. 짧은 기간 안에 공부하기 어려운 과목은 빵점을 맞더라도 과감히 포기하고, 나머지는 싹 다 외우기로 한 거죠. 실제 대입 시험(당시 학력고사)을 보기 전까지 대부분의 과목을 다 외웠습니다.

　시험을 보고 나니 대학에 가고 싶어지더군요. 그래서 평상시 점수에 비해 낮은 등급의 학교였던 강원대학교에 원서를 접수했습니다. 혹시 장학금을 받을 수 있지 않을까 하는 기대가 있었고, 학비도 싼 국립대학교에 지원을 했던 거죠. 우선 1년만 다녀보자 하는 마음으로 대학 생활을 시작했습니다. 그런데 한 학기를 지내보니 참 이해가 안 되는 일들이 많았습니다. 일단 수시로 휴강이 생기는 거예요. 비싼 등록금을 내고 다니는데, 왜 만

원주 진광고등학교 친구들

날 쉬는 수업들이 생기는지 모르겠더라고요. 다른 친구들은 좋아했지만, 전 밥도 안 먹어가며 모아서 낸 학비가 너무 아까웠어요. 결국 한 학기를 마친 후 휴학했고, 그때부터 본격적으로 돈을 벌기 시작했죠.

어느 정도 돈을 벌고 난 이후 복학을 했으나 적응이 어려웠습니다. 복학하고 나서는 없어 보이는 게 싫어 중형 세단을 타고 다녔어요. 강원대학교는 워낙 넓어서 강의실 앞까지 차를 타고 들어가는 곳이 많은데, 한번은 차가 한 대밖에 지나갈 수 없는 비좁은 길의 중간에서 어느 차량과 대치를 하게 되는 상황이 발생했습니다. 둘 중 하나는 후진을 해서 길을 양보했어야 했지만, 누구도 그러지 않았던 거죠. 상대 운전자와 잠깐의 기 싸움 이후 상황을 마무리하고 수업에 들어가보니 대치하던 차의 운전자가 강의를 하고 있는 거예요. 알고보니 저와 기 싸움을 벌였던 운전자는 전공과목 교수님이자 학과장을 맡고 계신 분이었습니다.

강의실 맨 뒤쪽에 자리를 잡고 앉아 수업을 들으려고 하는데, 저를 호명하며 일으켜 세우더군요. 그러더니 "너 대가리 꼴이 그게 뭐냐? 내가 있는 한 너는 절대로 졸업 못해. 넌 어떤 짓을 해도 무조건 F야"라고 말하는 겁니다. 당시 저는 장사를 통해 돈도 몇 푼 벌었겠다 후배들에게 번듯한 모습을 보여주기 위해 좋은 차를 타고 머리에는 무스를 한껏 바르고 다녔는데, 자신보다 좋은 차를 타고 다니는 학생과 좁은 길에서 대치하는 상황까지 겪었으니 교수님은 제게 잔뜩 화가 난 것 같았어요. 어차피 학교를 계속 다닐 필요성도 느끼지 못하던 터에 교수님의 그 말들은 제 생각을 더욱 확신에 차게 만들어 주었습니다. 저 역시 속으로 '당신 같은 사람에게 학점을 구걸하고 싶지 않다'라고 생각했죠. 어릴 때 가난으로 인해 느꼈던 비참함을 대학생이 되어서는 권력이란 것을 통해 맛봐야 했습니다. 당시 대학생에게 학과장은 권력 그 자체였으니까요. 아무튼 그 사건을 계기로 저는 학교를 중퇴했습니다.

훗날 인천공항에서 우연히 강원대학교 총장님을 마주치게 되었는데, 저를 알아보시고는 동문으로 인정해주고 칭찬까지 해주시더군요. 언제 학교로 놀러 오라는 말씀도 잊지 않으셨죠.

비운의 장돌뱅이

하루에 3가지 일을 하며 살았습니다.

낮에는 사무직, 퇴근 후 저녁 시간에는 맥줏집에서, 밤 12시가 넘으면 새벽 4시경까지 철거 같은 일을 했죠. 그런데 아무리 노력을 해봐도 가난의 굴레에서 벗어나기가 힘들었어요. 잠을 줄여가며 한 가지 일을 더 추가하면 한 달에 2~3백만 원을 벌 수 있었지만, 그게 2~3천만 원은 되지 않더군요. 고민 끝에 장사를 하기로 마음먹고 90만 원짜리 중고 봉고차를 샀습니다. 무슨 장사를 할지는 생각할 필요가 없었어요. 차를 사자마자 동대문으로 향했죠. 어릴 적부터 엄마를 따라다니며 장사를 해봤기 때문에 물건을 구입하는 것부터 판매까지 모든 과정이 익숙했습니다. 처음에는 동대문에서 청바지를 떼다가 팔았어요. '뱅뱅', '서

지오바렌테' 같은 것들을 사다가 원주우체국 앞에 자리를 잡고 장사를 시작했죠.

　어린 시절 창피함을 무릅쓰고 길에서 많은 장사를 해봤기 때문에 괜찮을 거라고 생각했는데, 막상 길거리에 물건을 펼쳐놓고보니 여전히 창피하더군요. 정면으로 부딪혀서 이겨내자는 생각에 가장 중심가의 자리를 택했고, 그게 원주우체국 앞이었어요. 호기롭게 "골라~ 골라~"를 외치다가도 또래 여성이 지나가면 나도 모르게 소리가 작아졌습니다. 용기를 내다가도 한 번씩 움츠러드는 건 어쩔 수 없더라고요. 그러나 뒤로 물러설 곳이 없었던 저는 텀블링 같은 묘기를 하며 사람들의 시선을 끌었고, 장사는 그럭저럭 수익을 올릴 수 있었습니다.

　슬슬 장사에 익숙해지니 품목을 다양화하고, 좁은 원주에서 벗어나야겠다는 생각이 들더군요. 하나씩 실행하기로 했어요. 당시 시골길에서 판매하는 상품에 지갑을 여는 사람들의 연령대가 50~60대 이상이었는데, 그들이 소비를 하는 데 있어 필터의 작동이 가장 최소화되는 품목이 무엇일까 고민했죠. 생각 끝에 청바지와 함께 유아복을 팔기 시작했어요. 자신들을 위한 소비에는 인색하지만, 손자손녀를 위해서라면 기꺼이 돈을 꺼낼 거라고 생각했습니다.

　동대문에서 한 벌에 5천 원짜리 유아복을 떼다가 만 원에 팔았죠. 무척 잘 팔렸어요. 전략적으로 품목을 정했고, 그게 들어맞았으니 기분이 매우 좋았습니다. 이후 수없이 많은 전국의 장터를 돌며 물건을 팔았어요. 언젠가 명절 전날에는 평창군 진부면에서 하루 동안 백만 원이 넘는 수익을 올렸어요. 20여 년 전이었으니 꽤 큰돈이었죠. 이제 고생의 끝이 보이는 것 같고, 명절이면 엄마와 함께 맛난 것도 마음껏 먹으면서 효도를 할 수 있다는 희망에 한껏 부풀었습니다.

하지만 기쁨도 잠시, 그날 장사를 마치고 돌아오는데 브레이크가 말을 듣지 않는 거예요. 겨우 갓길에 차를 세우고 도움을 요청했죠. 비싼 레커차에 끌려 가까운 공업사로 갔더니 엔진이 녹았다고 하더군요. 어린 나이였기에 엔진 오일 교환 같은 건 전혀 모르고 그냥 차를 타고만 다녔더니 고장이 난 거죠. 엔진을 교환해야 하는데, 수리비가 90만 원이라고 하더라고요. 그것도 중고 엔진으로 교환할 경우의 가격이었어요. 차를 90만 원 주고 샀는데, 수리비가 90만 원이라니 참 어이가 없었죠. 하지만 뭐 다른 방법이 없었어요. 결국 엔진을 교환하기로 했고, 그날 번 돈을 거의 다 써야 했습니다. 그때 워낙 큰 충격을 받아서 자동차를 수리한 공업사 이름이 지금도 기억날 정도예요.

얼마 지나지 않아 또 하루는 평창군 대화면에서 장사를 마치고 진부면으로 넘어가다가 장평휴게소(현 평창휴게소)에 차를 세웠어요. 여관비 몇 만 원이 아까워서 휴게소에 차를 세우고 잠을 청했죠. 추운 겨울이었는데, 자다보니 갑자기 시동이 꺼진 거예요. 정말 엄청 춥더군요. 너무 추워 차에 있던 유아복을 다 뜯어서 덮었어요. 그랬는데도 추워서 아침이 될 때까지 오들오들 떨며 밤을 지새워야 했죠. 겨우 아침까지 버텨 공업사에 도움을 청했는데, 정비사가 보더니 또 뭔가가 고장 났다며 수리를 받아야 한다고 하더군요. 두 번 연속으로 그런 일을 겪으니 정말 신이 원망스러웠어요.

어렵게 또 한 번 차를 수리하고 좀 더 남쪽으로 향했습니다. 대구를 거쳐 부산에 도착했죠. 부산의 한 유명한 호텔을 지나는데, 어쩌다가 뒤차에 밀려 호텔 진입로로 들어가게 됐어요. 길을 따라가니 안내하는 사람이 서있더군요. 고급스러운 호텔과 전혀 어울리지 않는 녹슨 봉고차가 털털거리며 다가오는 모습에 그분도 당황했겠죠. 그분의 표정이 무척 좋지 않았어요. 귀찮은 듯 나가라는 손짓을 하더라고요. 저도 일부러 들어간 게 아니고 뒤차에 밀려 어쩔 수 없었는데, 그런 대우를 받으니 무척 화가 나더군요. 그때까지 살면서 호텔에서 잠을 자본 적이 없었어요. 호텔은커녕 모텔도 가본 적이 없었죠. 원주에도 관광호텔 같은 데가 하나 있긴 했지만, 특별한 사람들만 가는 곳이라고 생각했거든요. 그 사람의 손짓을 보며 전 매우 무시당한 기분이 들었고, 속으로 '어디 나중에 두고보자' 하고 다짐을 했어요.

훗날 저는 그 호텔을 다시 찾아갔습니다. 그때 나이가 20대 후반이었는데, 돈을 조금 벌어 꼭 해보고 싶었던 것들을 하나씩 해보던 시절이었어요. 스위트룸은 아니었으나 고층의 조금 비싼 방에서 시간을 보냈죠. 높은 곳에서 여유롭게 해운대의 야경을 즐기다가 로비 쪽을 내려다보며 '봤냐? 어디 두고보자고 했지? 내가 이런 사람이야!' 마음속으로 외치면서 그날의 수모를 되갚아줬죠. 그런데 통쾌함도 잠시, 성처럼 둘러싸인 고급 호텔의 고층에서 해운대해수욕장 파라솔 아래의 수많은 사람들을 보고 있자니, 이렇게 아무것도 아닌 차이가 마치 사람의 신분을 나누는 것 같은 생각이 들어 괜히 서글퍼지더군요.

이후 옷 장사를 접고, 여러 가지 다른 장사를 해봤어요.

한번은 대학교 부근에서 소주방을 한 적이 있었습니다. 대학가의 소주방은 왠지 낭만적일 것 같아 시작했는데, 그렇지 않다는 걸 깨닫기까지는 오래 걸리지 않았어요. 무엇보다 저는 생활이 어려워 휴학을 했는데, 같은 또래의 학생들을 손님으로 대한다는 게 쉽지 않더군요. 또, 학생들이라서 주머니가 가벼워 한 달 장사를 해도 실제 남는 것은 거의 없었어요.

생소한 분야에 뛰어들면서 철저한 분석 없이 이상만으로 접근한 대가였죠. 만 원짜리 안주 하나를 팔았을 때 원가가 얼마고, 얼마가 남는 건지조차 생각해보지 않았거든요. 아주 치밀하게 계획을 세워도 장사를 하다보면 변수가 생기기 마련이고, 그런 돌발 상황까지 대비해도 성공을 장담하기 어려운데, 옷 장사를 할 때부터 주먹구구식으로 해왔기 때문에 자신감 하나만으로 덤볐던 거예요.

그 외에도 세차, 막노동, 철거, 보험 판매, 휴대폰 판매 등 다양한 경험을 하면서 비록 큰돈을 벌지는 못했지만, 그때 정말 많은 걸 배웠습니다.

고등학생 때 수련회에서 친구들과 즐거운 시간을 보내고 있다.

종잣돈

원주에서 나고 자랐기 때문에 원주의 작은 골목골목까지 항상 제 머릿속에 있습니다. 제가 종종 했던 일이 머릿속의 지도를 종이에 옮기는 작업이에요. 그리고는 지도를 보며 사람들의 동선을 기억해낸 후 여기에서 이런 장사는 어떨까 하는 상상을 해보는 거죠. 옛날에는 전화국에서 전화번호부를 무료로 줬는데, 전화번호부를 보면 다양한 업종들을 알 수 있었어요. 제가 원하는 장소에 전화번호부 속 다양한 업종들을 대입해보는 겁니다. 장소마다 사람들의 흐름이 다르기 때문에 업종을 이것저것 바꿔가며 연구를 하곤 했어요. 그런데 어릴 때부터의 기억을 차근차근 더듬어보니 5~10년 이상 유지하면서 돈을 버는 가게는 거의 없는 것 같더라고요. 왜 그럴까를 고민해보고, 그런 식의 생각들을 틈만 나면 했어요.

저는 다른 일을 하면서도 20살 때부터 체육관을 계속 운영했습니다. 고등학교 때는 체육관에서 사범 생활을 하다가 고등학교 졸업 후 관장님께 적지 않은 비용을 지불하고 체육관을 샀거든요. 늘 함께해준 형, 동생, 제자들이 있었기에 동시에 여러 가지 일을 하는 것이 가능했죠. 체육관을 운영하는 동안 관원들에게 거의 돈을 받지 않았습니다. 그냥 함께 땀 흘리고 재미있게 운동하는 것만으로도 좋았거든요. 의사가 된 제자, 변호사가 된 제자 등 지금도 많은 제자들과 인연이 이어지고 있어요.

아무튼 체육관에서 수익은 없었기 때문에 계속 다른 일을 해야 했습니다. 한번에 큰돈을 벌지는 못했고, 조금씩 열심히 모아 몇 천만 원, 억 단위가 되었죠. 그 돈으로 투자했던 건설회사를 인수, 작은 집을 지어서 팔았어요. 그다음은 조금 큰 집, 그다음은 조금 더 큰 집을 지어 팔아 회사를 성장시켰어요. 그래 봤자 큰 회사는 아니었지만, 그렇게 또 돈을 조금 벌었습니다.

체육관에 제자들의 수가 많아지면서 제자들이 선수 생활을 하면서도 먹고살 수 있게 무언가를 해주고 싶었어요. 보통 식당 같은 곳에서 아르바이트를 하고, 체육관에 오면 녹초가 되어 훈련을 하는 데 지장이 많았거든요. 그래서 원주에 헬스클럽을 차

고등학교 합기도부 시절

렸어요. 그러자 헬스클럽을 통해 수익이 생기더군요. 약간의 돈으로 헬스클럽 하나를 더 오픈했죠. 그렇게 3개의 헬스클럽을 운영하게 됐어요. 물론 그렇게 헬스클럽 여럿을 뚝딱 오픈할 만큼의 수익을 얻지는 못했습니다. 알고보면 20대 때부터 쌓인 은행 빚이 수십억 원에 이를 만큼 엄청 많아요.

관심병사

정신없이 살다보니 어느새 군대 갈 나이가 되었습니다.

의경을 갔고, 충주경찰학교에서 훈련을 받았죠. 동기 중에 부산 지역의 유명 폭력조직에서 생활을 했다고 한 애가 있었어요. 그런데 걔가 참 못됐었어요. 동기들을 너무 괴롭혔거든요. 저도 예외는 아니었죠. 툭툭 건드리는 일이 많았지만, 참았습니다.

그러던 어느 날 훈련을 마치고 조교의 인솔에 따라 줄을 맞춰 식사를 하러 가는 길이었어요. 하필 그 녀석이 제 뒤에 섰는데, 이동 중 제 발뒤꿈치를 톡 쳐서 넘어질 뻔하다가 겨우 중심을 잡은 일이 발생했습니다. 다행히 조교의 독사 같은 눈을 피하긴 했지만, 기분이 영 좋지 않았어요. 그래서 살짝 뒤를 돌아보며 그러지 말라고 말했습니다. 그런데 말이 끝나기가 무섭게 또

다시 뒤꿈치를 쳤고, 저는 우스꽝스럽게 허우적대다가 철퍼덕 넘어지고 말았어요. 동기들에게 웃음거리가 되고 조교한테 욕까지 먹으니 그동안 꾹 누르고 있던 뚜껑이 확 열려버렸습니다. 식당까지 이동하는 동안 부글부글 끓어오르는 화를 삭이며 어떻게 갚아줄지 생각했죠.

식당에 들어간 후 조교가 시야에서 사라지자마자 그 녀석에게 따라 나오라고 했습니다. 식당 옆 연병장에 그 녀석과 마주 섰고, 동기들이 우리를 둥글게 에워쌌어요. 뭐 특별한 얘기 없이 순간적으로 몇 차례 주먹이 오갔는데, 곧 조교가 나타나서 싸움은 중단됐죠. 당시 저도 실제 길거리 싸움 경험은 없었고, 워낙 흥분 상태여서 잘 기억이 나지 않지만, 얼굴에 상처가 없었던 걸 봐서 맞지는 않았던 것 같아요. 그런데 제대로 때린 것 같지도 않아서 더 약이 오르더군요. 그때부터 그 녀석과 전쟁을 벌이기로 결심했습니다. 저녁 점호가 끝나고 소등 후 모두 잠자리에 누웠을 때 그 녀석 내무반으로 찾아갔어요. 그리고는 데리고 나가 또 한바탕 주먹다짐을 했죠.

다음 날부터는 화장실, PX 등 눈에만 띄면 시도 때도 없이 쫓아가서 싸웠습니다. 일주일 정도 끈질기게 그러니까 미안하다며 이제 그만하자고 하더군요. 그래서 뭘 그만하냐고 둘 중 하나 죽을 때까지 할 거라고 했더니, 앞으로 남은 기간 동안 제 눈에 안 띄고 조용히 생활하겠다며 진심으로 사과를 하는 거예요.

다음 날부터 정말 동기들을 괴롭히지도 않았고, 복도나 식당에서 저와 마주치면 고개를 푹 숙인 채 빠르게 지나쳐 갔습니다. 그 사건 이후 그동안 그 녀석에게 괴롭힘을 당했던 우리 기수 동기들은 제게 무척 고마워했죠. 그때 동기들은 지금도 제게 연락을 해옵니다. 나중에 알았지만 동기 중 한 명은 로드FC 대회가 열릴 때 특수효과 업무를 담당하고 있기도 합니다.

자대 배치를 받은 후에는 말썽을 많이 부려 관심병사 취급을 받았어요. 한번은 정기 휴가를 나왔다가 마지막 날 중대장님에게 복귀하겠다는 전화를 했습니다. 그런데 복귀하지 말고 일단 집에서 쉬고 있으면 자기가 우리 집으로 찾아오겠다는 거예요. 어리둥절했지만 중대장님이 쉬라는데 마다할 이유는 없었기에 5일 정도를 더 쉬었습니다. 다시 복귀 날이 되어 연락을 했더니, 더 쉬라는 거예요. 그때부터는 좀 이상한 느낌이 들었죠. 아니나 다를까 결국 의가사 제대를 시키더군요.

중대장님의 마음도 이해는 갔습니다. 제가 사고를 워낙 많이 쳤거든요. 당시 선임 중에 저를 무척 괴롭히는 사람이 있었습니다. 부대에서 키우는 강아지한테 경례를 하라고 하질 않나, 천 원을 주며 의경 선임들이 먹을 4인분 식사를 외부에서 준비해 오라고 하질 않나 아무튼 이루 말로 할 수 없이 교묘하게 사람을 괴롭혔어요. 한번은 아침 달리기를 하는데 1등으로 들어왔더니 왜 고참들을 제치고 1등으로 들어왔냐며 뭐라고 하더군요. 그래서 제가 부대 막내니까 다음 날은 꼴찌로 들어왔더니 그걸로 또 뭐라고 하는 거예요. 잘하면 잘했다고 욕하고, 못하면 못했다고 욕하고, 적당히 하면 적당히 한다고 욕하고…. 시키는 대로 다 해도 욕만 먹으니까 어느 순간 어차피 욕먹을 거 그냥 내 맘대로 해야겠다고 생각했죠.

그때부터 그 선임이 뭔가를 시키면 안 한다고 했습니다. 아침 점호 시간에는 점호 참석도 안 하고 그냥 자버렸어요. 정신적으로 너무 힘들어 몇 번 그랬더니 관심병사 취급을 했고, 그것이 시발점이 되어 결국 의가사 제대까지 이어진 거예요. 그때는 군복무 기간이 2년 2개월이던 시절인데, 군 생활을 1년 정도 남기고 사회로 복귀했죠. 지금 생각해봐도 힘든 시간이었습니다. 멘털이 약한 사람이라면 정말 죽을 수도 있을 정도였어요.

아쉬운 면도 많습니다. 훈련 평가는 늘 1등이었고, 군 생활에 대한 적응도 문제없었기에 그때 그 이상한 선임만 아니었다면 아무런 문제없이 만기 제대를 했을 거예요. 의가사 제대 처분 당시에 저는 제가 모르는 어떤 규정에 의한 조기 전역인 줄 알았지, 의가사 제대를 하게 된 건지는 전혀 몰랐거든요. 더 많은 이야기가 있고, 워낙 많은 시간이 흐른 일이니 되돌릴 수 없지만, 제 입장에서는 이해하기 어려운 일이었다는 생각이 듭니다.

훈련소 퇴소 후 춘천경찰서로 자대 배치를 받아 복무했다.

모함

20대 후반 시절, 함께 운동하던 친구들과 자주 어울리던 때가 있었습니다. 정기적으로 만나서 밥도 먹고, 놀기도 하고 그랬죠. 건달들처럼 금품 갈취를 한다거나, 폭력을 앞세워 이권을 따내는 그런 조직과는 전혀 상관이 없었고, 그냥 친목을 위해 만나는 자리들이었어요. 로드FC를 하면서도 많은 돈을 줄 테니 함께 하자는 전국구 건달들이 있었지만, 그럴 때마다 단호히 거절했고, 지금은 아예 근처에도 오지 않습니다.

그런데 당시 한 신임 검사가 원주 지역의 어느 폭력조직을 소탕하면서 라이벌로 엮을 조직이 필요했고, 제 친구들이 그 대상이 된 사건이 발생했어요. 친구와 선배 스물 몇 명이 다 잡혀갔고, 친구 중 한 명의 사건과 연관되어 저도 조사를 받게 됐습니다. 뭔가 이상하게 돌아간다는 생각이 들어 유명한 변호사를 선임했어요. 수임료로 천만 원을 줘야 했는데, 당시 제 입장에서는 엄청난 돈이었죠.

변호사는 제게 걱정하지 말고 가서 조사를 받으라고 하더군요. 그래서 검찰청으로 찾아갔습니다. 조사를 받기 시작하는데, 입에 담기도 힘든 욕을 쉴 새 없이 내뱉으며 사람을 몰아붙이는 겁니다. 책을 집어던지면서 하지도 않은 일을 자백하라고 강요하는 거예요. 저는 사실을 말했지만, 검사는 제 말을 믿어주지 않았죠. 하도 답답해서 "제 말이 거짓이면 제가 지나가는 강아지입니다"라고 좀 세게 말했더니, 물건을 집어던지며 "건방진 새끼, 당장 처넣어!" 그러더군요. 조사는 제대로 받지도 않았는데, 포승줄에 묶여서 버스에 태워졌어요. 너무나 황당해서 말문이 막힌 사이에 버스는 교도소로 향했습니다.

황당하고, 당황했지만 저는 아무 죄가 없었기 때문에 곧 풀어줄 거라고 생각했어요. 그런데 순진한 생각이었죠. 어리바리하는 사이에 저는 죄수복을 입고, 교도소 미결수 방에 수감됐습니다. 그러자 변호사가 호들갑을 떨며 찾아왔어요. 많은 수임료를 받았고, 별일 아니니까 편하게 조사를 받고 오라고 했는데, 제가 교도소에 수감되어 버렸으니 변호사도 크게 놀란 눈치였어요. 뭐가 잘못된 건지 자신이 빨리 알아보겠다고 말하며 돌아갔죠. 나중에 변호사를 통해 제가 소리를 질러서 괘씸죄로 그렇게 된 거라는 말을 들었고, 저는 정말 어처구니가 없었습니다.

　다음 날 저는 다시 검사에게 호출되어 검찰청으로 갔습니다. 그곳에는 제 변호사가 먼저 와있었는데, 검사에게 상황을 잘 설명했는지 곧 풀어주겠다고 하더군요. 풀어줄 테니 무슨 서류에 서명을 하고 나가라는 겁니다. 그런데 읽어보니까 제 친구가 누군가의 돈을 빼앗고 폭행을 했는데, 그 일을 제가 시켰다는 걸 인정한다는 내용이었어요. 저는 그런 일을 한 적이 없기 때문에 절대 인정할 수 없다고 했죠. 완강하게 거부를 하니까 계속해서 회유했지만, 끝까지 서명하지 않았습니다.

　결국 저는 다시 교도소 미결수 방에 수감되었어요. 죄를 지은 게 없으니 3일 만에 풀려나긴 했지만, 교도소에 있어보니까 정말 답답하더군요. 안 그래도 억울해서 가슴이 터질 지경인데, 모르는 사람과 둘이 앉아 가만히 있으려니 죽고 싶은 심경이었습니다.

　그로부터 1년 가까운 시간 동안 검사는 라이벌 조직으로 지목한 선배와 친구들의 죄를 찾기 위해 샅샅이 조사했지만, 조직 결성에 대한 특별한 범법행위를 찾지 못했어요. 피해자 조사, 대질 심문 등 다양한 수사를 했으나 목적을 달성할 수 없었죠. 잡혀있던 친구들 역시 폭력조직 결성 혐의는 무죄 판결을 받았음에도 하나씩 잘못을 인정하고서야 풀려날 수 있었어요. 아마 오랜 시간 잡아둔 많은 인원이 벌금형도 없이 풀려나면 그 검사에게는 큰 과오로 남을 수 있을 테니 그랬을 것 같아요.

그 일이 있고 얼마 지나지 않아 길거리를 지나다가 그 검사를 만났는데, 저를 보며 "야, 조심해. 너 또 처넣을 거야"라고 말하며 사라지더군요. 그때 많은 걸 느꼈습니다. 그 사건을 겪으면서 힘을 키워야겠다고 결심했죠.

지금 생각해도 정말 화가 나고, 어처구니없는 일이었습니다.

―
대학에 복학하여 일과 학업을 병행하던 시절

정신병

초등학교 시절 가장 기억에 남는 선생님을 꼽으라면 3학년 때 담임을 맡으셨던 안정숙 선생님이 떠오릅니다. 제가 엄마와 함께 시장에서 장사한다는 것을 우연히 아시게 된 선생님은 말 한마디를 할 때도 따뜻하고, 배려 깊게 해주셨어요. 가난을 부끄럽지 않게 해주신, 가난으로 인한 모욕을 느끼지 않도록 해주신 선생님이었죠. 선생님은 종종 시장통의 엄마를 찾아와 양말을 사 가셨어요. 처음에는 창피했지만, 횟수가 늘어갈수록 저도 선생님에게 마음을 열기 시작했습니다. 초등학교 시절 내내 스승의 날이면 선생님께 드리고 싶어 3백 원짜리 스타킹을 사서는 교무실을 찾았죠. 그럴 때마다 선생님은 진심으로 고마워하시며 동아전과나 표준전과 같은 참고서를 제 손에 들려주셨어요.

그런데 그 일이 훗날 제 비즈니스 스타일의 바탕이 되었습니다. 제가 누구에게 무언가를 주면, 상대도 제게 그에 대한 보답을 하는데, 어떻게 하면 상대에게 피해를 주지 않으면서 저도 이득을 얻을지 생각해보는 계기가 된 거죠. 물론 선생님께 선물을 드릴 때는 그런 계산을 한 것이 아니고, 당시에는 그렇게까지 깊게 생각할 나이도 아니었어요. 하지만 저는 선생님이 고마워 사소한 선물을 드렸을 뿐인데, 매번 비싼 참고서를 주시니 그 상황을 이해하기 위해 나름대로 생각을 정리해보았던 겁니다.

이후로는 장사를 하거나 격투기 사업을 하면서도 제 선택에 대한 결과를 예측해보고, 제 선택으로 인해 얻을 수 있는 것들을 극대화시킬 수 있는 방법을 찾기 시작했어요. 그러나 나쁘게 바라보면 "정문홍이 원하는 게 저거였어?"라고 말할 수도 있는 상황이 간혹 발생했습니다.

한번은 사정이 어려운 선수를 돕기 위해 이런저런 행사에 참여시켜주고, 이슈를 만들어주기도 했는데, 정문홍이 그 선수를 이용하고 내쳤다는 얘기가 퍼진 일이 있었어요. 몸값을 올린 후 저를 모함하고 소속사를 내친 것은 오히려 그 선수였음에도 말이죠. 선택의 순간에 너무 많은 것들을 고려하여 판단을 하니 심신은 지쳐가고, 그처럼 오해를 사는 일도 부지기수였습니다.

그런 일들이 이어지면서 불안장애가 찾아왔습니다.

차를 마시러 가도 혹시 천장이 무너지지는 않을까 걱정이 되기도 하고, 길에서 마주 오는 사람이 칼을 꺼내 찌를 것 같다는 망상에 사로잡혀 한동안 집에서 나오지 못했던 적도 있어요. 그런데 끝이 없더군요. 집이라고 안 무너진다는 보장이 없다는 생각이 들자 집에서도 방문을 걸어 잠그게 되고, 책상 밑에 웅크려 앉아 잠을 자는 등 정도가 점점 심해졌습니다.

그것뿐만이 아니에요. 어렵게 살아서인지, 제게는 어떤 일을 하든 절대 실패하지 않기 위해 철저히 계획을 세우는 습관이 있었습니다. 문제는 그 습관이 강박증으로까지 이어졌다는 거예요. 사소한 일이라도 잊게 될까봐, 조금이라도 편한 길을 선택하게 될까봐 해야 할 일을 메모하고 여기저기 붙여두기 시작했어요. 나중에는 냉장고, 현관문, 자동차 핸들, 신발에까지 메모를 붙이게 됐죠. 도저히 불가능할 것 같은 일이라도 성공할 때까지 여러 단계의 실행 계획을 세워 이루어내고 말았어요. 철저히 계획하고, 그에 따라 행동한 덕분에 무슨 일을 하든 실패를 줄일 수 있었지만, 마음은 멍들어갔습니다.

가난에서 탈출하겠다는 절실함이 큰 만큼 마음의 병도 심각했습니다. 불안장애와 강박증으로 인해 늘 걱정과 생각을 멈출 수 없었어요. 그러다보니 하루에 1~2시간밖에 못 자는 날이 이어졌죠. 너무나 힘들게 살았던 시절보다 물질적으로는 풍요로워졌지만, 정신은 피폐했어요. 그래도 참고 버틸 수 있었던 건 저를 믿고 의지하는 사람들의 존재였는데, 인간관계에서 한 번씩 배신과 실망을 겪을 때면 모든 걸 내려놓고 싶어졌습니다. 평소 금전적인 손해에 대해서는 큰 충격을 받지 않아요. 그러나 믿었던 사람에게 받는 상처는 정말 견디기 힘들더군요. 주변인의 신의를 저버리는 행동들이 제 병을 악화시키고, 계획을 가로막는 변수가 되곤 했죠. 가까이에서 제가 겪는 고통을 지켜보며 위로를 하다가도 정작 시간이 지나면 그들도 똑같이 저를 짓밟고 무너뜨리려 하는 일들을 수없이 겪으며 저는 만신창이가 되어갔어요.

분명 제게 문제가 있다는 것을 알았지만, 불안과 강박을 떨쳐내는 일은 너무나 힘들었습니다.

제주도 단골 카페에서 책을 쓰며 지난날을 돌아보았다.

| STORY 2 |

불가능하다는 착각

○

겸손이라는 함정

사람을 대할 때 내가 가진 패를 모두 꺼내서 보여줄 필요는 없습니다. 간혹 묻지도 않는데 자신의 모든 것을 이야기하는 사람들이 있어요. 물론 거짓말로 상대를 속이면 안 되겠죠. 그러나 굳이 내 약점을 먼저 오픈할 필요는 없는 겁니다.

내가 상대보다 적게 가졌다고 해서 상대는 갑, 나는 을이라고 생각하지 말아야 합니다. 겸손한 건 좋지만, 서서히 비칠 만큼 몸을 낮추는 건 인간관계에서 아무런 도움이 되지 않습니다. 내가 납작 엎드린다고 상대가 무언가를 더 챙겨줄 거라는 생각은 헛된 망상이에요. 그런 사람에게는 기회가 오지 않습니다. 오히려 가진 게 없어도 당당한 사람에게 호감을 가지는 게 사람의 심리죠.

많은 사람들이 저에 대해 돈이 아주 많고, 가오(폼)를 중요시하는 사람이라고 생각합니다. 그러나 저는 그 누구보다도 흙수저 출신입니다. 그리고 그런 제 상황을 남에게 들키고 싶지 않아 어느 자리에서든 당당했을

뿐이에요. 그런 모습이 사람들의 눈에는 돈이 많아서 폼이나 잡고 다니는 것으로 비쳤고, 어느새 저에 대한 이미지로 자리를 잡은 거죠. 이유야 어찌됐든 운 좋게도 지금까지 살면서 그런 제 이미지가 나쁘게 작용하지는 않았습니다. 똑똑한 사람들처럼 계산하고 행동하지는 못했지만, 솔직하고 떳떳한 모습만은 한결같았던 덕분에 많은 기회를 얻을 수 있었다고 생각해요.

사실 자신을 낮추면서 상대에게 깍듯이 예의를 갖추고, 어떤 상황에서도 겸손함을 잃지 않는 사람들이 그에 걸맞은 대우를 받는 세상이면 얼마나 좋을까요. 하지만 현실은 그렇지 못합니다. 앞으로 성공을 꿈꾸는 사람이라면 누구 앞에서라도 당당하고, 자신의 장점을 상대에게 어필할 수 있는 방법을 반드시 찾아내야 합니다. 대통령을 만난다 해도 바라는 게 없고 아쉬운 소리 할 생각이 없으면 당당하지 못할 이유가 없어요. 이 부분이 정말 중요하다고 말해주고 싶습니다.

첫발

초등학교부터 중학교 때까지는 육상부였습니다. 매일 빵하고 우유를 나눠 줘서 맛있게 먹고 열심히 달렸어요. 100m와 200m 달리기, 넓이뛰기 선수였는데, 넓이뛰기는 강원도 신기록을 세우기도 했습니다. 원주시 대표로 뽑혔죠. 그런데 초등학교 고학년이 되면서부터 급격히 커지는 애들이 있더군요. 게다가 다른 학교에서 거인 같은 친구가 전학을 왔는데, 육상부로 스카우트되어 함께 생활하게 됐어요. 체격 차이가 많이 나는 친구들은 못 따라가겠더라고요. 결국 중학교 2학년 때 그만뒀습니다.

강해지고 싶고, 불의에 맞서 싸우는 모습은 모든 남자의 로망이 아닐까 싶습니다. 그러나 요즘 말로 일진이라 불리는 친구들이 누군가를 괴롭히는 모습을 보면 비겁해지는 게 현실이죠. 저도 그랬어요. 또래보다 작은 체구에 집도 가난한 학생이었으니 몸과 마음이 다른 친구들보다도 훨씬 위축되어 있었습니다. 어쩌면 그래서 강해지고 싶은 욕구가 다른 아이들보다 더 컸는지도 몰라요. 고등학교 1학년 때는 학교 합기도부에 들어가 격투기를 시작했습니다. 그때 시합을 많이 뛰었죠.

대학에 들어가서도 운동을 게을리하지 않았어요. 동기들이 자유를 만끽하며 술과 유흥을 즐길 때 저는 장사와 운동을 병행했습니다. 사실 돈이 없어도 마음껏 할 수 있는 건 운동밖에 없었거든요. 하루 장사를 마친 후 친구가 운영하는 체육관에 들러 늦게까지 운동을 했죠. 힘들게 운동을 하고 나서는 함께 땀 흘린 친구들과 짜장면 한 그릇 시켜 먹던 그때가 늘 그립습니다.

이후 레슬링, 복싱 등을 배우다가 20대 후반 종합격투기(MMA)를 접하게 됐어요. 당시 합기도 체육관을 운영하고 있을 때였는데, 케이블 방송에서 종합격투기 경기를 보고는 곧장 서울로 향했습니다. 좀 늦은 나이였지만, 종합격투기를 제대로 배워보고 싶었거든요.

그런데 종합격투기를 배울 수 있는 데가 거의 없었습니다. 언젠가 방송에서 종합격투기 경기를 보다가 얼굴이 만신창이가 될 때까지 난타전을 즐기는 이은수 선수를 보며 정말 남자답다는 생각을 한 적이 있는데, 그래서 무작정 이은수 선수가 몸담고 있는 체육관으로 찾아갔습니다. 대한민국 1세대 종합격투가인 최무배 관장님께서 운영하시는 서울 선릉역 부근의 '팀 태클'이라는 체육관이었죠. 지하에 위치한 체육관 문을 빼꼼히 열고 고개를 들이밀자 저쪽에서 누군가 막 뛰어오는 거예요. 가까이서 보니 TV에서 보던 이은수 선수였어요. 얼마나 신기하던지요.

"저기, 제가 원주에서 종합격투기를 배우러 왔는데요, 잘하는 곳이 어디인지 말씀 좀 들을 수 있을까요?"

그러자 이은수 선수는 제게 한 체육관을 알려주었습니다. 팀 태클은 레슬링 위주로 가르치는 곳이니, 그곳을 찾아가면 여러 종목을 배울 수 있을 거라고 말해주었죠. 본인은 기억하지 못하겠지만, 이은수 선수는 그렇게 '순수한 소년'이었어요.

이은수 선수의 추천으로 찾아간 곳이 서울의 '정진체육관'입니다. 김대원, 어원진 같은 유도, 레슬링 종목의 국가대표 상비군 선수들이 종합격투기를 수련하고 있더군요. 그 선수들에게 많이 배웠죠. 제가 가장 형이었지만, 누군가 일본으로 시합을 하러 가면 따라가서 함께 운동하며 배웠어요. 그러다가 일본이 익숙해질 때쯤부터는 혼자 일본의 체육관을 찾아가 또 열심히 배웠습니다. 그렇게 2년 정도 정진체육관과 일본에서 종합격투기를 수련했죠. 어느 정도 운동을 다 배웠다 싶었을 즈음 정찬성 선수가 체육관에 막내로 들어왔던 기억이 납니다. 그때 정진체육관에서 운동을 가르쳐주신 분이 김충구 관장님이었는데, 훗날 찬성이와 함께 원주의 저희 체육관에서 한참 동안 같이 생활을 하기도 했습니다.

아무튼 매일같이 원주와 서울을 왕복하며 배운 것들을 모두 제자들에게 가르쳐줬고, 그즈음 운영하던 합기도 체육관도 종합격투기 체육관으로 바꿨습니다.

원주에서 서울을 오가며 배운 기술들을 제자들에게 가르쳤고, 함께 운동했다.

성공을 위한 다짐

　어릴 적부터 함께 운동을 하던 동기 중에 권태순이라는 친구가 있었습니다. 생긴 것도 성격도 정말 상남자 스타일의 친구였죠. 정의로운 일을 위해 싸우기도 많이 했던 착하고 순수한 녀석이었어요. 태순이에 비하면 저는 오히려 여성스러운 스타일이라고 해도 과언이 아닐 정도로 태순이는 진짜 '남자'였습니다.

　제가 격투기를 배우기 시작할 즈음, 태순이가 뜬금없이 철인3종 경기 선수를 하겠다고 선언했어요. 누가 봐도 타고난 격투기 선수의 외모였지만, 자신은 어릴 때 너무 많이 싸워봐서 격투기가 싫다고 하더군요. 아무튼 그때부터 태순이는 매일같이 저를 찾아와 수영을 가르쳐달라고 졸랐습니다. 저 역시 수영을 아주 잘하는 건 아니었으나 4가지 기본 영법은 익숙하게 할 수 있는 수준이었거든요. 그렇게 지겹도록 끌려가 수영을 가르쳐준 시간이 2년은 족히 되었습니다. 저는 격투기로, 태순이는 철인3종으로 최고가 되기 위해 열심히 노력했죠.

　어느덧 태순이는 수영뿐만 아니라 사이클, 마라톤까지 수준급 실력을 갖추게 되었고, 수영 3.9km, 사이클 180.2km, 마라톤 42.195km를 17시간 안에 주파하며 아이언맨 칭호를 부여받았습니다. 워낙 운동 신경도 좋고, 열심히 했으니 당연한 결과였어요. 이후 본격적으로 훈련을 하면서는 자주 연락을 못하고 지냈습니다.

　그러던 어느 날 한 통의 전화를 받았습니다.
　태순이가 세브란스 병원 중환자실에 있다는 소식이었어요. 급히 찾아갔더니 뇌사 판정을 받고 병상에 누워있더군요. 수영장에서 다이빙을 하다가 머리를 부딪혀 경추가 골절되었고 이내 정신을 잃었는데, 평소에도 물에서 둥둥 떠다니며 놀곤 했기에 주변 사람들이 상황을 인지하지 못해 응급처치가 늦어졌던 겁니다. 삶과 죽음의 기로에서 사투를 벌이던 태순이는 며칠 후 세상을 떠났어요.

　참 허무하면서도 후회가 밀려왔습니다.
　'수영을 가르쳐주지 말걸…, 차라리 격투기를 했으면 이렇게 되지는 않았을 텐데….'

자책의 말들이 계속해서 머릿속을 맴돌았죠. 친했던 친구의 죽음에 큰 충격을 받았고, 다시 제 삶으로 돌아오기까지는 꽤 많은 시간이 필요했습니다. 그때 반드시 격투기로 성공해야겠다는 결심을 했어요. 태순이 몫까지 이뤄내겠다고 다짐했죠.

아직 큰소리치며 말할 처지는 아니지만, 이제는 어느 정도 약속을 지킨 것 같아 마음이 홀가분합니다. 세월이 흘러 언젠가 태순이를 다시 만나게 되면 그동안 있었던 이야기들을 들려주며, 내가 어떻게 이 바닥에서 살아남았는지 마음껏 자랑하고 싶어요.

일본 도쿄 아리아케 콜로세움에서 개최한 로드FC 024 일본 대회 개회식

나는 부족한 지도자입니다

모든 투기 종목이 합쳐져 하나의 새로운 종목으로 탄생한 것이 종합격투기입니다. 요즘 종합격투기는 많은 종목을 균형 있게 잘해낼 수 있어야 돼요. 과거처럼 한 종목만 잘해서는 승산이 없죠. 극강의 타격을 갖춘 선수라도 테이크 다운 방어에 빈틈이 있으면 곧 한계를 드러냅니다. 그 반대의 경우도 마찬가지고요.

종합격투기는 과학이에요. 정말 많은 연구를 해야 합니다. 저는 직접 부딪혀 경험하면서 체득한 것을 제자들에게 가르쳤어요. 제가 잘해서가 아니라 너무 못했기 때문에 제자들의 부족한 부분을 정확하게 짚어줄 수 있었고, 많이 다쳐봤기에 저처럼 다치지 않고 훈련하는 방법을 가르쳐주는 게 가능했죠.

실전 경험을 바탕으로 선수들의 훈련을 지도했다.

원주에서 혼자 훈련을 할 때는 인적이 드문 산길을 뛰었습니다. 사람이 잘 다니지 않아 길이라고 할 수 없는 곳들이었지만, 아무리 풀이 우거지고 나뭇가지로 뒤덮였어도 한 번 두 번 세 번 지나고 나면 길이 만들어졌죠. 하지만 혼자 뛰려니 아무래도 마음이 느슨했습니다. 그럴 때마다 가상의 경쟁자와 함께 달렸어요. 절대 지치지 않는 월등한 기량을 가진 가상의 상대와 함께 달리다보면 페이스를 오버하기 일쑤였죠. 한번은 그렇게 정신없이 달리다가 문득 돌아보니 이미 산 정상에 올랐는데, 가슴이 답답하고 숨이 너무 가쁜 거예요. 고지대에서 거의 전력 질주를 했으니까 그럴 만도 했죠. 훈련하다가 죽을 수도 있겠다는 생각을 그때 처음으로 했습니다.

　너무 힘이 들어 탈진하는 상황까지 가면 갑작스레 대변이 나옵니다. 그래서 저는 훈련을 할 때 주머니에 항상 휴지를 넣고 다녔어요. 연습 중에도 과도한 힘을 쓰다가 자기도 모르게 민망한 실수를 하는 경우가 종종 있는데, 이처럼 모든 것을 직접 경험하며 몸으로 익힌 덕분에 제자들에게는 올바른 훈련 방법을 알려줄 수 있었습니다.

　그러나 지금 생각해보면 저는 너무나 부족한 지도자였습니다. 과거에는 입식 격투기 선수로 활동한 지도자, 복싱 선수 출신의 지도자, 레슬링을 베이스로 하는 지도자 등 다양한 유형의 지도자들이 자신만의 장점을 선수에게 이식하는 형태로 제자들을 가르쳤죠. 저처럼 실전 경험을 바탕으로 가르치는 지도자들도 많았고요. 하지만 열심히 가르치고 배웠어도 빠르게 발전하는 종합격투기의 세계적인 수준과는 격차가 있었기에 많은 실패를 맛봐야 했습니다.

그런 시절을 거치면서 이제는 그 제자들이 실패를 통해 배운 것들을 다시 자신의 제자들에게 가르쳤고, 그 제자들은 또다시 자신의 제자들에게 이론적인 부분을 장착시켜 주었습니다. 이렇게 몇 번의 사이클을 지나면서 이제 우리나라 지도자들 수준도 매우 높아졌어요. 실제로 훌륭한 지도력을 겸비한 지도자들이 등장하면서 세계 최고 수준의 실력을 가진 선수들도 속속 배출되고 있죠.

단언컨대 대한민국의 종합격투기는 이제 시작입니다.

격투기의 몰락

현역 시절 일본에 갔을 때 윤동식 선수를 알게 됐어요. 일본의 길 한복판에서 우연히 마주쳐 첫인사를 했고, 타지에서 같은 운동을 하는 처지였기에 금방 가까워졌습니다. 당시 윤동식 선수는 국가대표 유도 선수로서 대단한 업적을 가지고 있었기 때문에 좋은 대우를 받고 '프라이드(PRIDE)'에 진출했습니다. 하지만 오직 종합격투기만을 바라보며 땀 흘리는 수많은 무명 선수들에게 PRIDE 같은 메이저 대회에 데뷔할 기회가 거의 주어지지 않는다는 점은 참 아쉬웠어요. 물론 대회사 입장에서는 선수의 상품성을 우선 고려할 수밖에 없었을 겁니다. 지금 생각해보면 충분히 이해가 돼요. 윤동식, 최홍만처럼 한 종목에서 최고의 자리에 올랐던 선수는 대회의 흥행에 큰 도움이 되니 좋은 조건으로 영입하는 게 당연한 거죠.

　윤동식 선수가 경기를 뛸 때면 저는 양동이를 들고 뒤따랐어요. 대회사 직원 누구에게라도 잘 보여서 PRIDE라는 대회에 오르고 싶었죠. 당시 PRIDE에서 뛰는 것이 모든 종합격투기 선수들의 로망이라고 해도 과언이 아니었거든요. 하지만 역시나 안 되더군요. 저에게까지 기회는 돌아오지 않았습니다.

　이후 몇 년에 걸쳐 일본의 '딥(DEEP)' 같은 대회에서 시합을 몇 번 가졌어요. 헤비급 매치에 대타 카드로 경기를 뛴 적도 있고, 한국의 어느 클럽 야외무대에서 경기를 한 적도 있습니다. 저는 사실 이런 경험들을 전적이라고 말하기가 부끄럽습니다. 물론 당시에는 그 정도 규모의 대회가 대부분이었기에 어쩔 수 없었다고 할 수도 있지만, 작은 대회에서 몇 승을 올리고 했던 것이 무슨 의미가 있나 싶어요. 그래서 제 선수 시절에 대해서는 별로 할 얘기가 없습니다. 아무튼 그러는 사이 선수로 뛰기에는 점점 나이가 들어갔죠. 단숨에 매료된 스포츠였지만, 너무 늦게 시작했고 격투기 산업의 전반적인 환경도 좋지 않았어요.

　그러던 중 일본 격투기 시장이 무너져 버렸습니다. 한국에서는 CJ미디어의 지원을 받아 비교적 안정적으로 대회를 개최하던 '스피릿MC' 역시 문을 닫게 되었어요. 아시아 격투기 시장

제자들과 함께 원주의 치악산을 오르며 운동하던 어느 날

이 암흑기에 접어들었죠. 이미 유명한 선수들은 큰 상관이 없었지만, 저를 비롯하여 PRIDE, 스피릿MC 이런 대회에서 뛰는 날만을 고대하며 운동하던 선수들에게는 그야말로 날벼락 같은 일이었습니다.

술집 웨이터가 된 친구, 고깃집에서 고기 굽는 일을 하게 된 친구 등 모두가 생계를 위해 이 스포츠를 떠났어요. 전국의 종합격투기 체육관은 대부분 폐업을 면치 못했고, 대회가 열리지 않아 TV에서 중계를 하지 않으니 마치 존재하지 않는 스포츠가 된 것 같았죠.

그렇게 아시아 격투기 산업은 몰락했습니다.

로드FC의 탄생

문제는 제자들이었어요.

아시아 격투기 시장의 암흑기가 3~4년 지속되면서 저만 믿고 운동하던 체육관 제자들은 졸지에 길을 잃게 된 거예요. 뛸 대회가 있어야 목표를 세우고 운동도 할 텐데, 동기부여가 안 되니 운동이 제대로 될 리가 없었죠. 지켜보고 있자니 도저히 안 되겠더군요. 단체를 만들고 직접 대회를 열기로 결심했습니다. 사비를 털어 1년에 3~4회만 대회를 열어보자는 생각이었죠. 이미 떠난 사람들은 어쩔 수 없지만, 남아있는 제자들에게라도 경기할 기회를 주고, 먹고살 수 있는 환경을 만들어 줘야겠다는 생각을 했어요.

그런데 의욕은 있었지만, 모르는 게 너무 많았습니다. 새로운 것을 시작하려니 만들어야 할 서류는 많은데 엑셀이 뭔지, 파워포인트가 뭔지 전혀 몰랐어요. 제안서도 제대로 갖추지 않고 자신감 하나만으로 무작정 방송국들을 찾았습니다. 격투기 대회를 개최할 거니까 중계를 해달라고 했죠. 그랬더니 연간 대회 일정은 어떻게 되는지, 어떤 선수가 시합을 하는지 등 구체적인 계획을 PPT로 만들어 보여달라고 하더군요. 그래서 PPT가 뭐냐고 물었더니 저를 미친놈, 사기꾼 취급하는 거예요. 이후에 알았지만, 그동안 저처럼 찾아온 사람들이 몇몇 있었나봐요. 격투기 대회를 연다고 했다가 일방적으로 취소하기도 하고, 대회를 연간 3회 개최한다고 했다가 한 번만 열고 사라지기도 하고, 대회는 열었지만 비용을 지불하지 않는 등 어처구니없는 일들을 겪으면서 방송가에서는 격투기 산업에 대한 신뢰가 바닥이었던 겁니다. '격투기=사기꾼'이라는 공식이 방송가에 널리 퍼진 상황이었어요. 결국 모든 방송국에서 거절을 당했죠.

  대회를 중계해줄 방송국을 찾다 찾다 'Y-STAR'라는 케이블 방송국을 찾아갔습니다. 관계자와 미팅을 하는데, 생방송을 해줄 테니 2천만 원을 내라고 하더군요. 그래서 비용을 지불하고 대회를 열기로 했습니다. 그런데 대회 날이 가까워지니까 생방송은 안 될 것 같다고 하는 겁니다. 계약 위반이었죠. 모든 상황이 처음이라 잘 몰랐기 때문에 피해를 감수하고 대회를 강행했어요.

대회 당일이 되자 방송사 측에서 주차비를 내라는 연락이 왔습니다. 중계차를 보내야 하는데, 일반 차량 몇 대의 공간을 차지하니 그에 따른 주차비를 우리 쪽에서 내라는 말이었어요. 그걸 왜 우리가 지불해야 하냐고 묻자, 그러면 중계가 안 될 것 같다는 얘길 하더군요. 그래서 부랴부랴 방송사 중계 차량의 주차비까지 냈죠. 그렇게 우여곡절 끝에 로드FC 1회 대회를 치렀습니다. 1회 대회의 예상 경비로 1억 원을 책정했는데, 시행착오를 겪으며 2억 원 정도의 비용을 소비해야 했어요.

첫 대회를 마치고 늦은 시간 인터넷을 보다가 한 언론에서 저와 로드FC에 대해 다룬 기사를 접했습니다. 굉장히 호의적인 기사였는데, 마치 한국 격투기계에 한 줄기 빛이 나타났다는 뉘앙스의 글을 읽다보니 어깨에 한껏 힘이 들어가더군요. 시골 마을에서 영세민으로 살던 사람이 인터넷에 이름도 나오고, 칭송까지 받았으니 얼마나 기분이 좋았겠어요. 그래서 2회 대회를 바로 결정했죠. '다음 대회는 좀 더 큰 곳에서 해보자!' 그렇게 힐튼호텔에서 2회 대회를 갖기로 했습니다.

하지만 방송사 계약이 여전한 숙제였어요. 그러던 중 K-1, PRIDE 대회를 중계했던 CJ E&M의 박성용 PD에게서 연락이 왔습니다. 잠깐 보자고 해서 찾아갔더니 우리에게 진정성을 느꼈다며 함께 잘해보자고 하더군요. 정말 고마웠죠. 훗날 알게 된 사실인데, 그때 CJ에서 PRIDE 대회의 해설을 맡고 있던 김대환 전 대표가 소개를 해주었기에 가능했던 일이었습니다.

점점 힘을 받기 시작한 우리는 2회 대회 역시 성황리에 잘 치러냈어요. 긴 시간 목말라 했던 격투기 팬들은 열광했고, 언론에서는 극찬이 이어졌죠. 2회 대회가 기대 이상으로 좋은 평가를 받자 CJ E&M의 임원급에서 미팅을 요청했습니다. 만나서 이야기를 나누는데, 로드FC에서 콘텐츠를 제공하고 있으니 그에 따른 비용을 지불하겠다는 겁니다. 생각지도 않았던 제안이었죠. 회사 규정에 따라 회당 1천만 원씩을 주겠다고 하더군요. 그러나 사실 대회를 중계해주는 것만으로도 고마운 마음이 컸기 때문에 끝까지 거절했습니다. 계약 2년차가 되자 다시 회당 2~3천 만 원을 주겠다고 전해왔어요. 그때부터 우리는 저작권료를 받기 시작했죠. 나중에는 로드FC가 UFC보다 회당 중계권료를 더 많이 받게 되었습니다.

3회, 4회, 5회… 대회를 거듭할수록 언론을 통해 기사가 쏟아졌고, 스포츠 팬들 사이에서도 큰 화제가 되었습니다. 대한민국 격투 스포츠의 메카라고 할 수 있는 장충체육관에서 대회를 치렀죠. 작은 규모의 체육관을 빌려 대회를 할 때보다 비용이 2~3배는 더 들더군요. 사실 계속 적자였지만 규모를 키워나갈 시기였고, 우리는 무조건 전진해야 했습니다.

국내 종합격투기 역사상 유일한 장충체육관 만석

아주 특별한 인연

1회 대회를 치렀을 때 '굽네치킨'의 홍경호 회장님이 한번 만나고 싶다며 연락을 해왔습니다. 곧바로 거절을 했어요. 왜 만나자고 하는지 뻔히 알 것 같았습니다. 돈 좀 있는 사람들, 깡패들이 우리 같은 사람에게 한두 푼 쥐어주고는 술 마실 때 부르고, 들러리 세우고 하는 그런 행태들이 비일비재했거든요. 그런데 아무리 거절을 해도 두 번, 세 번 계속해서 만나자고 하는 겁니다. 보통은 자존심 때문에 더 이상 연락을 안 해오는데, 자꾸 그러니까 뭔가 느낌이 좀 달랐어요. 그래서 나가기 싫은 자리였지만 억지로 가서 만났죠.

로드FC 연말 시상식장에서 김대환 전 대표, 굽네치킨 홍경호 회장과 함께

처음 만나는 자리에 홍경호 회장님이 매형과 함께 나왔습니다. 딱 보니까 생각했던 것과는 이미지가 전혀 딴판이었어요. 그때까지 그렇게 해맑은 얼굴을 가진 사람들을 별로 본 적이 없었거든요. 생글생글 웃으면서 말을 하는데, 말과 행동이 무척이나 예의 바른 사람들이었어요. 대뜸 저에게 자신들의 후원을 좀 받아달라며 부탁(?)을 하는 거예요. 하지만 그분들의 후원을 받을 이유가 없었기에 거절했습니다. 당시 굽네치킨이 창립 6~7년차 정도 됐을 때였는데, 홍경호 회장님이 자신도 힘들게 창업했다며 지난 얘기들을 들려주더군요. 그러면서 회사가 매년 조금씩 성장을 하면 그 폭만큼 기부를 하기 때문에 어차피 로드FC가 받지 않아도 다른 곳에 지원을 할 예산이라는 거예요. 에둘러 말하긴 했지만, 혼자서 단체를 이끌어가는 모습이 안쓰러워 도와주고 싶었던 거죠. 또, 그분은 저를 도우면 제 주변의 훨씬 더 많은 사람들이 행복해질 수 있다는 걸 알았습니다. 자신도 사회체육학과를 나왔기 때문에 운동하는 친구들의 현실 역시 잘 아는 분이었어요. 한참 이야기를 나누었고, 그렇게 로드FC와 굽네치킨 홍경호 회장님과의 인연이 시작되었습니다.

　홍경호 회장님은 격투기뿐만 아니라 다른 비인기 종목에도 많은 도움을 주고 계세요. 워낙 훌륭한 인품을 가진 분이죠. 로드FC의 말단 직원 이름까지 다 외우고, 격의 없이 함께 식사를 할 만큼 사람을 존중하는 자세가 남다른 분입니다.

이후 로드FC가 성장을 거듭하면서 굽네치킨과 로드FC는 누구나 인정하는 관계가 됐습니다. 그런데 한번은 치킨 업계의 라이벌 업체에서 거액을 제시하며 메인 스폰서 교체를 제안한 적이 있었어요. 물론 일말의 고민도 없이 거절했죠. 사실 그런 제안들은 지금도 이어지고 있습니다. 하지만 제가 아무것도 없을 때 제 열정과 진심 하나만 믿고 저를 도와주신 분을 돈 때문에 떠난다는 건, 스스로 용납할 수 없는 일이에요. 비록 로드FC가 굽네치킨에 받은 만큼 돌려주지는 못할지라도 의리를 저버리는 일은 없을 겁니다.

로드FC가 메인 스폰서인 굽네치킨의 매출에 도움이 되는지는 모르겠어요. 도움이 된다 하더라도 아주 미미한 수준이겠죠. 하지만 이제 누구라도 로드FC를 떠올리면 자연스럽게 굽네치킨이 연상되는 단계가 되었습니다. 앞으로도 로드FC는 굽네치킨의 기업 이미지가 대중들에게 긍정적으로 각인될 수 있도록 최선을 다할 겁니다.

로드FC 부대표 박상민

상민이 형은 로드FC 초기 대회 때부터 줄곧 대회장을 찾아 조용히 경기를 보고 가는 분이었어요. 유명 연예인이기 때문에 관람을 하러 오면 직원들이 제게 알렸습니다. 그러면 저는 "뭐 하러 왔대? 연예인이라고 으스대려고 왔대?"라며 떨떠름한 반응을 보였어요. 관심도 주지 않았고, 무료입장 같은 특혜는 더더욱 없었죠.

한두 번 오고 말겠지 했는데, 매 대회마다 빠지지 않고 직접 티켓을 구매해서는 조용히 보고 가는 거예요. 보통 다른 대회사들은 연예인이 오면 맨 앞줄에 앉히는 경우가 많지만, 우리는 그렇게 하지 않았습니다. 그러니 오면 저 뒷줄에 앉아서 보고 갔어요.

선입견이 있었습니다.

저나 우리 선수들에게 천박한 행동을 하려는 건 아닐까 싶었죠. 용돈 좀 주고 가오나 잡으려는 거라고 생각했거든요. 어릴 적 경험 때문에 그런 피해의식을 가지고 있었어요. 그래서 접근 자체를 차단했던 겁니다. 어린 시절 너무나 가난했지만 어머니와 함께 누구보다 열심히 살아온 만큼, 누군가에게 의지하거나 신세 지는 것을 매우 싫어합니다. 명색이 한 단체의 대표인데, 돈에 이끌려 비루한 모습을 보이면 저를 따르는 사람들이 얼마나 우습게 보겠어요. 저는 절대로 누구에게도 의지하지 않습니다. 그런 마음이 있으니 정말 호의를 가지고 다가오는 사람들은 저를 오해하는 경우가 많아요.

한번은 상민이 형이 우리 직원을 통해 천만 원이라는 돈을 전해왔어요. 그래서 제가 그 돈을 왜 받았냐고 직원을 막 혼냈죠. 얘기를 들어보니 정말 안 받겠다고 했는데, 억지로 준 것 같더군요. 상황이야 어찌됐든 그런 일이 있었으니 전화를 했습니다. 감사하지만 돈을 돌려드리겠다고 정중히 얘기했죠. 그랬더니 자기는 돕고 싶은 마음이 큰데, 10살이나 아래 동생이 사람을 너무 밀어내는 것도 보기 좋지 않다면서 그만 좀 하면 안 되냐고 하더군요. 이야기를 들으며 편견을 갖고 사람을 대했던 제가 잘못했다는 생각이 들었습니다. 그래서 사과를 하고 처음으로 식사 대접을 했죠. 그때부터 우리는 형 동생 사이가 됐습니다.

대회 전 계체량 때마다 장난을 치는 박상민 부대표

　마음을 열고보니 그동안 제가 색안경을 끼고 대한 것 같았습니다. 격투기에 대한 애정이 매우 큰 분이더군요. 그래서 어차피 매번 대회를 할 때마다 참석하실 거면 가까이에서 모시고 싶어 부대표직을 제안했죠. 상민이 형은 흔쾌히 수락하며, 자신이 로드FC를 살리겠다고 의욕적인 모습을 보여주었습니다. 상민이 형은 오랜 세월 가수 생활을 했고, 그동안 자신의 도움을 받은 사람들이 워낙 많기 때문에 스폰서를 구하는 건 아무것도 아니라고 생각했어요. 그래서 저와 함께 부산에서부터 시작해 서울까지 올라오며 본인의 지인들을 만났죠. 대부분 각 지역에서 유명한 기업체를 운영하는 사람들이었는데, 그동안 사내 행사가 열릴 때면 거절하지 않고 돈 한 푼 받지 않으며 공연을 해주었기 때문에 자신에게 절대 등을 돌릴 사람들이 아니라고 했어요.

그런데 현실은 기대와 달랐습니다. 조금 보태서 수백 명은 되는 사람을 만났지만, 단 한 명도 빼지 않고 비슷한 사정을 얘기하며 거절하더군요. 그때 상민이 형의 실망하던 눈빛이 지금도 눈에 선합니다. 워낙 좌절하는 모습이 역력해 우스갯소리 한마디 하기가 어려울 정도였어요.

큰 상처를 받고 서울로 돌아오다가 휴게소에 들렀는데, 한 아주머니가 기타를 치며 불우 이웃 돕기 모금을 하고 있더군요. 잠깐 들어보니 노래도 잘 못하고, 사람들을 사로잡을 만큼의 무언가가 없었습니다. 역시나 사람들은 관심을 갖지 않았고, 모금함에 돈을 넣는 사람도 없었죠. 그래서 제가 상민이 형에게 노래 한 곡 불러주면 안 되겠냐며 부탁을 했습니다. 즉흥 공연을 하기에는 아무런 준비도 없었고, 기분도 좋지 않은 상황이었지만, 상민이 형은 거절하지 않고 작은 무대에 서주었어요.

첫 소절부터 사람들의 시선을 모두 끌어들였고, 어느새 휴게소 주차장은 작은 콘서트장이 되었습니다. 동행하던 우리 직원들은 폐지 박스를 주워 와서 군중들에게 모금을 받아 불우 이웃 돕기 모금함에 넣었죠. 저는 한 곡만 도와주고 가자고 했는데, 그날 상민이 형은 일곱 곡이나 부르고서야 자리를 떴어요.

드러나지 않는 곳에서 어려운 사람들을 돕는, 상민이 형은 그런 심성을 가진 사람입니다.

—
상민이 형은 로드FC 티셔츠 입고 다니기를 좋아한다.

상생

일본에서 메이저 대회를 따라다닐 때 참 많은 것들을 느꼈습니다. 대회사의 선수 대우가 무척 훌륭했거든요. 좋은 호텔에서 재우고, 전용 버스로 이동하고 그런 것들이 주류 스포츠와 다를 바 없었어요. 당시 한국 대회사의 처우와는 많이 달랐죠. 그러니 선수들도 자부심을 가지고 활동하는 모습이 보였어요. 그때부터 나중에 대회사를 운영하게 되면 우리 선수들에게도 꼭 멋진 대우를 해주겠다고 생각했습니다.

실제로 로드FC를 하면서부터는 적자가 나더라도 무조건 특급 호텔에서 머물게 하고, 전용 버스를 대절해 이동하도록 했어요. 누가 봐도 번듯한 모습으로 선수들의 위상을 올려주려 노력했죠. 유혹에 흔들리지 않고 운동에만 집중하는 환경을 만들어

중국 석가장에서 개최한 로드FC 대회의 선수단 버스

주는 것이 제 역할이라고 생각합니다. 그러기 위해선 저부터 그런 모습을 보여야 하기에 의식적으로 그렇게 행동하려고 애썼어요. 어떤 사람들은 저를 향해 '뻣뻣하다', '싸가지가 없다'라고 얘기하는데, 불순한 의도를 가지고 접근하는 경우들을 겪으면서 틈을 주지 않으려는 모습이 몸에 배어 그렇게 보이기도 하는 것 같습니다.

대회사를 운영하다보면 적이 생길 수밖에 없습니다. 모든 것을 공정하게 한다고 하는데도 불이익을 받았다고 생각하는 사람, 어떤 사정으로 단체를 떠나게 된 사람, 경쟁사와 이해관계에 있는 사람, 판정에 불만을 품은 사람 등 저와 우리 로드FC를 싫어하는 사람들은 생각지도 못한 곳에서 다양하게 나타나거든요. 그렇기 때문에 주변에서 어떤 이야기들이 흘러나와도 저만의 중심을 가지고 단체를 이끌어나갑니다. 세계 최고의 격투기 대회로 성장시키기 위해 선수와 관계자들에게 그에 걸맞은 환경을 제공하는 것인데, 어떤 사람들은 제게 당신이 선수들의 고충을 아느냐며 그 돈으로 차라리 파이트머니를 올려주라고 하더군요.

지금도 많은 선수가 밤늦게까지 이어지는 훈련을 마친 후 생계를 위해 또다시 일터로 나간다는 걸 제가 왜 모르겠습니까. 사실 로드FC 이전에는 선수들의 파이트머니를 제대로 지급하지 않는 대회사가 많았습니다. 신생 단체뿐만 아니라, 다소 인지도가 높았던 단체조차도 파이트머니를 떼먹는 일이 종종 있었어요. 그래서 해외의 유명 선수들은 한국 대회사에 대한 불신을 가지고 있었고, 오퍼를 넣어도 한국에서 경기를 뛰지 않았죠. 보다 못한 저는 한국 격투기에 대한 이미지를 바꾸기 위해 선수들에게 파이트머니를 선지급했습니다.

물론 제 나름대로 많은 노력을 했다고는 해도 완벽하지 못했으니 모두를 만족시키지는 못했고, 앞으로도 그럴 테죠. 하지만 저 역시 선수였고, 관장이자, 프로모터로서 격투기 산업의 전반적인 부분을 경험하면서 모두에게 베스트가 되는 상황을 만들기 위해 최선을 다하고 있다는 변명을 조금은 하고 싶습니다.

생각이 많을 때면 커피 한잔을 앞에 두고 복잡한 마음을 달랜다.

소신

누구라도 자기 자식, 소속 선수가 많은 돈을 받기를 원할 겁니다. 또, 박빙의 경기가 판정까지 가면 양쪽 모두 자신이 승리했다고 생각합니다. 하지만 승패가 존재하는 스포츠에서 누군가는 승자, 누군가는 패자가 될 수밖에 없습니다. 자신이 왜 더 많은 파이트머니를 받지 못하는지, 자신이 왜 그 경기에서 패배했는지 받아들이지 못하는 선수들이 있어요. 자신에 대한 믿음이 굳건할수록 실망은 분노로 바뀌고, 급기야 단체를 떠나기도 합니다. 그렇게 저와 우리 단체에 안티가 되는 사람들이 생기죠.

그 마음을 충분히 이해합니다. 그러나 분명 그 평가는 공정하게 내려진 것입니다. 한 선수를 잡기 위해 부당한 결정을 할 순 없는 거니까요.

로드FC의 심판들은 독립된 운영을 보장받습니다. 대회사와는 룰 변경에 대한 사항만 공유할 뿐 그 외에 어떤 것도 교감을 나누지 않아요. 간혹 애매한 판정이 나올 때면 팬들이 대회사로 비난의 화살을 돌리는 경우가 있는데, 사실 판정과 대회사는 단 1%의 연관도 없습니다. 대회가 진행되는 동안 심판들도 많은 긴장을 합니다. 한 번의 실수도 용납되지 않는다는 부담감에 오히려 선수보다 더 많은 스트레스를 받을 거예요. 그럼에도 불구하고 심판도 사람이기에 실수를 할 때가 있죠. 대회사가 비난을 받더라도 그 화살을 심판들에게 다시 돌릴 수는 없는 일입니다. 그럴 때면 그저 격려하고 지나가는 수밖에 없어요.

한번은 실수가 여러 번 반복되어 더 이상 경기를 맡길 수 없어서 계약을 종료한 심판이 있었는데, 그때는 또 로드FC가 자신을 내쳤다며 서운한 이야기를 하고 다닌다는 말이 들려오더군요. 그 얘기를 들으며 참 속이 쓰라렸던 기억이 떠오릅니다.

로드FC에서는 선수가 타 단체로 이적하겠다면 굳이 말리지 않습니다. 계약이 끝나면 그다음은 선수들이 결정할 문제라고 생각해요. 다만 세계 수준에 근접한 선수일 경우 국내 리그에서 이탈하는 걸 방지하기 위해 파이트머니를 올려줍니다. 우리 나름대로 리그를 지키기 위한 최선의 노력을 기울이는 거죠. 국내외에서 승승장구하던 한국 선수들이 해외로 진출했다가 초라하

상체에 관절 기술이 들어갔는지 집중하며 확인하는 심판

게 되돌아오는 사례가 이어지고 있습니다. 선수 자체의 문제라 기보다 주변의 책임이 더 크다고 생각해요. 우리 단체 소속이라 는 것에 자부심을 느낄 수 있을 만한 대우, 공정한 판정, 가슴 뛰는 경쟁을 기본으로 한 대회, 진심으로 선수들이 뛰고 싶어하는 국내 리그를 만들었다면 그처럼 자존심을 구기는 일은 없었을 겁니다.
 로드FC에서도 해외 단체의 오퍼를 받은 선수 중 일부가 이적 의사를 보여 보내준 적이 몇 번 있습니다. 시간이 지나 로드FC도 점차 성장을 했고, 파이트머니 수준과 전반적인 환경이 더 좋아졌죠. 지금은 해외 단체의 오퍼를 받아도 선수들이 이적하고 싶어하지 않아요. 돈을 많이 받아서 안 가는 선수도 있지만, 자신이 이 리그를 지켜야 한다는 생각을 가진 선수도 많습니다. 자신들이 한국 격투기에서 어떤 위치에 있는지를 알고, 국내 리그 성장에 책임감을 가지고 있는 선수들은 우리가 반드시 인정해줘야 합니다. 어쩌면 그 선수들 중에도 사실 마음속으로는 해외에서 뛰고 싶은 선수가 있을지 모르죠. 그러나 그들은 오로지 한국 격투기를 위해 욕심을 버렸어요. 단체를 운영하다보면 별의별 선수를 다 겪게 됩니다. 엄연히 로드FC와 계약이 되어있는데 말도 없이 타 단체에서 경기를 뛰는 선수, 상대가 무서워 은퇴를 하겠다는 선수, 은혜를 원수로 갚는 선수 등 드러나지 않지만 어처구니없는 일들이 정말 많아요. 그런 선수들 사이에서 훌륭한 실력과 바른 마인드를 가지고 국내 격투기계에 헌신한 선수들은 훗날 꼭 다시 조명받는 날이 올 겁니다.
 뛰어난 선수가 해외로 떠나지 않고 국내 리그를 지킨다는 것은 큰 의미가 있습니다. 예를 들어 KBO리그에서 잘하는 선수들이 모두 메이저리그로 이적해버리면 국내 프로야구 경기의 수준은 낮아질 수밖에 없겠죠. 투타에서 성적이 좋은 선수들을 이적시켰으니 리그 수준이 낮아지는 건 당연한 일일 겁니다. 그러면 팬들은 외면할 테고, 국내 리그는 더욱 성장하기 어려워질 거예요. 국내 리그가 성장하지 못하면 더 이상 슈퍼스타는 탄생하지 못할 것이고, 악순환이 반복되겠죠. 이 업계의 모든 관계자들은 이 점을 잘 생각해봐야 합니다. 물론 시장의 규모 면에서 우리가 당장 세계 1위 단체가 되기는 쉽지 않습니다. 좀 더 솔직히 말하면 정말 어려운 일이에요. 하지만 그렇더라도 최선을 다해 국내 격투기 산업을 성장시켜야 합니다. 그래야 선수들도 뭔가 미래를 그려볼 수 있을 테니까요.

어떤 사람들은 로드FC가 선수들의 앞길을 막는다는 이야기를 하는데, 모두 우리를 폄훼하려는 세력들이 만들어내는 말들입니다. 우리는 선수들의 앞날과 꿈을 가로막고 싶은 생각이 추호도 없습니다. 그저 자국의 리그를 지켜야 국내 선수들이 설 자리가 많아지고, 격투 스포츠가 한국에서 다시는 어둠 속으로 사라지지 않을 거라는 확신을 가지고 있을 뿐입니다. 우리는 과거 일본의 K-1과 PRIDE를 통해 배운 것이 있습니다. 국내 단체들이 해외 메이저 단체에 선수를 공급하는 역할만 하다가 그 메이저 대회들이 사라져버리니 한국의 모든 중소 단체들까지 없어져버린 아픔을 겪었죠. 터널은 무척 길었고, 선수들은 절망했던 시절에 대한 기억. 제가 10년 넘게 온갖 수모와 모함을 감내하면서도 자국 리그를 성장시키기 위해 그토록 아등바등대는 이유입니다.

어떤 면에서는 '또라이' 기질도 있고 외골수이지만, 바른길을 걷고 있으면 언젠가 함께 걷는 사람을 만날 것이라는 생각으로 묵묵히 소신을 지키며 살고 있습니다.

—
대회장에서는 오로지 경기와 진행에 몰입하게 된다.

격
투
오
디
션

    이 업계에는 종합격투기를 자신들의 전유물로 생각하는 사람들이 있습니다. 그들은 마치 이 스포츠의 주인이 자신들인 양 일반인들을 향해 높은 담을 쌓아가고 있죠. 물론 다양한 격투 종목이 섞여있어 평범한 사람들에게는 진입 장벽이 높은 것이 사실이에요. 그러나 종합격투기는 각종 생활 스트레스로 힘겹게 살아가는 현대인들이 한번쯤은 반드시 도전해볼 가치가 있는 스포츠입니다. 그래서 우리가 할 일은 원하는 사람들이 어렵지 않게 이 종목에 도전할 수 있도록 무대를 마련해주는 것이라고 생각했습니다. 그렇게 탄생한 방송이 <주먹이 운다>, <겁 없는 녀석들>, <맞짱의 신> 같은 격투 오디션 프로그램입니다.
    일부에서는 종합격투기의 진정성을 훼손했다며 욕을 하는

사람들도 있었어요. 그러나 그들에게 우리가 과연 무엇을 얻기 위해 종합격투기의 진정성을 훼손했고, 이런 프로그램을 제작했을지 물어보면 대답하기 어려울 겁니다. 격투 오디션 프로그램에서 우승을 한 사람이 음악 오디션 프로그램의 우승자처럼 어떤 축제나 행사에 섭외되어 갈 수가 있을까요? 막대한 인지도를 얻어 부와 명예를 거머쥘 수 있을까요? 그런 우승자를 통해 우리가 어떤 큰 이익을 얻을 수 있을까요? 우리가 만든 격투 오디션은 진심으로 종합격투기 선수가 되고 싶은 사람들을 위한 프로그램이었습니다. 우리는 큰 비용과 에너지 소모를 감수하면서 종합격투기의 저변을 확대하려고 했어요. 우승자 역시 로드FC에서 경기를 뛰는 것이 전부인데, 그것보다 어떤 진정성이 더 필요할까요.

일반인들을 대상으로 한 격투 오디션 프로그램은 우리가 최초였을 겁니다. 그중 <주먹이 운다> 프로그램은 시즌 5까지 방송을 했죠. 격투기 종목을 주제로 한 오디션 프로그램을 시즌 5까지 제작했다는 건 큰 의미가 있다고 생각합니다. 격투기의 대중화를 이끌었고, 한국의 격투기 산업 전반을 성장시키는 역할을 했다는 외부의 평가가 과한 것은 아닐 거예요.

CJ E&M과 함께 처음 <주먹이 운다>를 제작할 때는 갈등도 많았습니다. 우리는 아직 가야 할 길이 먼 입장이었기 때문에 로드FC가 방송에서 부각되기를 원했지만, 당시 책임자였던 박성용 PD님은 극구 만류를 했어요. 많은 대화를 통해 한국의 격투기 산업 전반을 성장시키는 데 목표를 두는 것이 더 큰 성공을 가져올 거라는 결론을 내렸고, 우리는 많은 부분을 양보한 상태에서 프로그램을 제작하게 되었습니다. 돌이켜보면 그때의 결정이 참 현명했다는 생각을 합니다.

　방송이 시작된 이후에도 제작진과 로드FC는 정말 많이 싸웠습니다. 시청자들의 흥미를 자극하기 위해 의도와 다른 일명 '악마의 편집'을 하는 것은 워낙 널리 알려져있죠. 또, 방송국에서는 매번 뭔가 극적이고 멋진 장면을 보여주고 싶어하는데, 그 수준이 비현실적인 경우가 많았어요. 바닷가 모래사장에서 태클 훈련을 하는 장면이라든지, CG의 도움을 받아야 볼 수 있을 만큼 거의 날아다니는 장면을 요구했죠. 시청자들의 이목을 끌어 격투기 대중화를 앞당기는 것은 우리도 바라는 바이지만, 격투기의 진정성을 훼손하면서까지 욕심을 채울 수는 없는 노릇이었습니다. 그런 것들은 보여줘선 안 되는 장면들이었기에 로드FC에서 반대를 했고, 그런 우리를 방송국에서는 이해하지 못했죠.

　한번은 바닷가에서 훈련하는 장면을 촬영한 적이 있습니다. 바닷가 모래사장에서 훈련을 하면 발이 모래에 박히는데, 그 상태에서 태클을 허용할 경우 발목이 꺾여 큰 부상을 당할 수가 있기 때문에 실제로는 매우 위험한 행동이거든요. 이처럼 이상과 현실의 차이로 인해 싸우고 다독이면서 5~6년 동안 만들어낸 방송이 바로 <주먹이 운다>입니다.

MBC에서 방송한 <겁 없는 녀석들>은 모든 기획과 제작을 로드FC에서 했던 프로그램이었습니다. 하지만 공중파다보니까 심의가 까다로워 상당 부분을 편집해야 했어요. 격투기는 날것의 느낌을 잘 살려내는 것이 묘미인데, 그런 면에서 아쉬운 점이 많았습니다. 그러나 공중파 최초의 격투 오디션 방송이라는 것만으로도 충분한 의미를 가지는 프로그램이었죠.

이후 SBS미디어넷에서 방송한 <맞짱의 신>도 별반 다르지 않았으나 이 프로그램으로 인해 인도네시아에 진출해 작은 시합도 열어보고, 인도네시아 축구 국가대표를 맡고 계셨던 신태용 감독님과 인연을 맺기도 했습니다. <맞짱의 신>은 동남아시아에서 로드FC와 한국 축구의 위상을 확인하는 계기가 된 프로그램이었어요.

격투 오디션 방송 촬영 중에는 별일을 다 겪었습니다. 한번은 촬영장에 한 무리의 깡패들이 찾아왔기에 무슨 일인가 했더니, 자신들의 형님이 오디션에 참가해서 응원을 왔다고 하더군요. 또, PD에게 전화를 해서는 경기 중 자신들이 맞는 영상을 방송하면 죽여버리겠다고 협박을 하지 않나, 어떤 사람은 자신이 KO 당한 장면을 방송하면 자살하겠다고 전화를 걸어와서 방송에 내보내지 못한 적도 있어요. 격투 오디션 방송은 참 많은 우여곡절을 겪으며 제작한 프로그램들이었습니다.

로드FC에서 자체 제작한 격투 오디션 프로그램의 출연진

사랑 나눔 프로젝트

보성이 형이 언젠가 제게 그런 말을 했습니다. 자기가 '의리'를 외치고 다니는 이유는 자신이 의리 있는 사람이라는 걸 강조하려는 게 아니라고 하더군요. 누군가 "김보성 씨는 얼마나 의리 있는 사람이길래 그러고 다니냐"고 물으면 할 말이 없다고요. 하지만 대중에게 조금이라도 영향력을 미칠 수 있는 사람들이 선한 메시지를 퍼뜨리고 다니면, 그래서 단 한 명이라도 삶의 길을 긍정적인 방향으로 변화시킬 수 있다면, 그것만큼 보람 있는 일은 없을 거라고 말이죠. 나중에 여유가 생기면 기부를 하겠다거나, 여건이 되었을 때 무언가를 하겠다는 말은 누구나 할 수 있고, 기약 없는 약속과 같은 것이라고 하더군요. 지키지 않아도 모르는 사람은 큰 것 역시 나눌 줄 모른다는 얘기였습니다.

우리는 로드FC를 출범하면서부터 작은 나눔을 실천하고 있어요. 이것저것 재고 생각하면 아무것도 할 수가 없습니다. 격투 비즈니스는 항상 어려운 상황이 계속되기 때문에 무언가 해야겠다고 결정을 했으면, 무조건 해야 되는 거예요. 우리가 사회적으로 높은 분들이나 부유한 분들처럼, 어려운 사람들에게 물질적으로 풍요로운 선물을 주지는 못합니다. 대신 모든 식구들이 힘든 아이들을 찾아가 진심으로 하루 종일 놀아줄 수는 있죠.

뭐 결국 돈이 없으니 몸으로 때우는 것 아니냐고 말한다면, 인정합니다. 겨울에 연탄 나르고, 때 되면 헌혈하고, 소아암으로 힘들어하는 아이들을 찾아가 신나게 놀아주고, 전통 시장에 가서 소비가 이루어지도록 도와드리는 것 등 우리는 우리가 잘할 수 있는 것으로 사랑과 나눔을 실천하는 거예요.

처음 사랑 나눔 행사를 시작할 때 고아원에 가서 아이들과 놀아주자고 하니, 내키지 않아 하는 선수들이 많았습니다. 제가 가자고 하니까 억지로 가긴 가지만, 말 그대로 억지로 간다는 게 눈에 보였죠. 그런데 아이들과 하루를 보내고, 헤어질 때가 돼서 아이들이 형, 누나들을 붙잡고는 가지 말라고 눈물을 흘리는 모습을 보며 선수들도 많은 것을 느꼈던 것 같습니다.

그 이후로 고아원에 가서 아이들과 놀아줄 기회가 있을 때

최홍만, 박상민, 로드걸, 그리고 선수들과 함께 연탄 봉사를 하던 날

귀찮아하거나, 싫어하는 선수는 사라졌고, 오히려 행사를 하지 않을 때도 장난감을 사 들고 개인적으로 아이들을 찾는 선수들이 많았어요. 어느새 중, 고등학생이 된 아이들 중에는 대회가 열릴 때마다 찾아와 자신과 많은 시간을 보내준 선수를 응원하는 경우도 있죠.

사실 몇 백 명 단위의 많은 사람들이 한번 이동을 하고, 행사를 하려면 생각보다 많은 비용이 소요됩니다. 어떻게 보면 그냥 선물을 보내주고, 사진 한 장 남기는 게 훨씬 지출이 적어요. 그런데도 불구하고 우리가 매번 이렇게 사랑 나눔 행사를 하는 것은 사람들에게 선한 기운을 스며들게 하기 위해서입니다. 자신보다 약자를 배려할 줄 알고, '사회적 책임'이라는 개념을 심어주는 거죠. 처음에는 모두가 귀찮아했지만, 지금은 참여하려는 사람이 너무 많아서 인원을 제한할 정도예요. 원하는 사람 모두가 다 참가하면 더없이 좋겠으나, 정말 경비를 감당하기 어려울 정도거든요.

저는 저와 이해관계에 있는 사람에게 듣는 극찬보다, 아무런 영향력 없는 사람들에게 듣는 응원의 메시지 한마디가 훨씬 더 값지게 느껴집니다. 그분들이 진짜 내 편이에요. 이제는 우리 선수들도 모두 그걸 알 겁니다.

세계격투스포츠협회

MMA를 배우기 시작하면 기술적으로 완성되기까지 10년 이상의 시간이 필요합니다. MMA는 복싱, 레슬링, 주짓수, 유도, 무에타이 등 현존하는 모든 투기 종목의 집합체이기 때문에 오랜 시간이 걸릴 수밖에 없어요. 20살에 시작하면 은퇴할 때나 되어서야 어느 정도 실력이 올라오죠. 그래서 유소년 시기부터 시작하는 것이 매우 중요합니다. 또, 선수를 목표로 하지 않더라도 살면서 자신과 사랑하는 사람들을 지키기 위해서는 꼭 이 운동을 배워두는 것이 좋아요.

어떤 사람들은 이 운동을 너무 폭력적이라고 하는데, 바꾸어 말하면 그만큼 실전성이 높다는 의미가 내포되어 있습니다. 다양한 종목이 더해져 탄생한 운동인 만큼 완성되었을 때 그 어

어린이들도 격투기 경기에 참가할 수 있는 세계종합격투기대축제

떤 단일 종목보다 강한 것은 사실이나, 강해진 만큼 오히려 힘을 제어할 줄 아는 사람이 됩니다.

 선수 시절 일본에 있을 때 현지 체육관을 방문하면 초등학생들이 수백 명씩 모여 격투기를 배우는 모습을 볼 수 있었습니다. 그때 우리도 어릴 적부터 체계적으로 선수를 육성해야 한다는 생각을 했어요. 그래서 세계격투스포츠협회(WFSO)를 만들었죠. 프로 선수들의 꿈의 무대가 로드FC라면 WFSO는 유소년들이 대회의 주인공입니다. 어릴 때부터 MMA를 접하고 즐기게 하는 데 목적이 있어 룰도 프로 시합에 비해 엄격함이 덜해요. 우리나라로 치면 올림픽으로 가기 전에 거치는 전국체전, 소년체전 정도로 생각할 수 있겠네요.

현재는 한국, 미국, 중국 3개국에서 유소년 대회가 개최되고 있는데, 향후 종목과 연령을 세분화하여 국가 대항전 형식으로 대회를 이끌어갈 계획을 세우고 있습니다.

대회에 참가한 어린이 선수들이 파이팅 넘치는 경기를 치르고 있다.

타협하지 않는 규칙

10년이 넘는 시간 동안 수많은 대회를 치러왔지만, 한결같이 해오는 것들이 있습니다. 저는 대회 전날까지 대진부터 TV 중계, 대회장의 조명과 음향, 좌석 배치, 선수 대기실의 준비 상태 등 대회를 치르기 위한 모든 사항을 직접 점검합니다. 또, 시합에 나서는 선수들의 컨디션뿐만 아니라 심리 상태까지 유심히 관찰해요. 이처럼 작은 일까지 직접 챙기게 된 것은 로드FC를 세계 최고의 대회로 발전시키기 위해 첫 대회부터 스스로 세운 규칙입니다. 그 덕분인지 지금까지 전 세계에 그렇게 많은 대회를 생중계하면서 단 한 번의 방송사고도 일으키지 않았어요.

대회가 벌어지는 날에는 몇 시간 전 샤워를 한 후 단정하게 옷을 챙겨 입고 숙소를 나섭니다. 운전을 하며 대회장으로 가는 동안 음악을 듣고 있으면, 많은 생각이 스치고, 감정이 북받쳐 올라 눈물이 주르륵 흐르곤 해요.

대회장에서 저를 보며 '정문홍은 왜 저렇게 무게를 잡고 앉아있나'라고 생각하는 사람들이 많습니다. 사실 저는 대회가 끝나는 순간까지 시설 상태, 진행 상황, 관객들의 분위기 같은 것들을 둘러보고 신경 쓰느라 머릿속이 굉장히 복잡합니다. 다른 사람들이 저를 어떻게 바라보는지 생각하고, 이미지를 관리할 여유가 없어요. 일부러 가오를 잡으려고 그러는 게 아니라 완성도 높은 대회를 만들기 위해 세세한 것들을 챙기다보니 종종 그런 오해를 받기도 하죠.

대회가 끝나고 선수들, 관객, 심판들까지 모두 떠나 텅 비어버린 대회장을 물끄러미 바라보고 있으면 공들여 준비한 대회를 무사히 마무리했다는 것, 각 매치들 속 긴 이야기가 일단락되었다는 생각에 안도감과 허탈함이 동시에 밀려옵니다. 오디션 프로그램을 통과해 데뷔전을 갖는 선수의 경기라든지, 병을 이겨내고 복귀한 선수의 경기 등 사연이 긴 선수들이 큰 고비를 넘겼다는 생각을 하면 맥이 탁 풀릴 정도예요. 이는 비단 저뿐만 아니라 선수들을 위해 헌신하는 로드FC의 모든 직원이 느끼는 감정일 겁니다.

우리가 선수들과 타협하지 않는 규칙이 있어요. 로드FC에

10년 넘게 근무하고 있는 김동욱 과장과 경기장 체크를 하던 날

서는 예의가 없거나 신의를 저버리는 행동을 절대 용납하지 않습니다. 선수들을 주인공으로 만들기 위해 많은 공을 들여 대회를 개최하는데, 그런 행동들은 대회를 준비하는 사람들의 열정을 갉아먹거든요.

모든 선수들이 신인 때는 한없이 착하고 대회사에 협조적입니다. 그러면 대회사의 직원들도 그들이 빨리 유명해져 많은 돈을 벌기를 진심으로 바라죠. 열심히 기사를 쓰고, 영상도 만들어 무명의 선수를 알리기 위해 애씁니다. 그런데 조금씩 유명세가 생기면 그 착하던 선수들이 슬슬 이상해져요. 시합 오퍼를 주면 상대를 가리기 시작합니다. 졌을 경우 쏟아지는 악플도 불편하고, 지는 시합은 하기가 싫은 거죠. 갑자기 계약에 없던 돈을 더 달라고 하는 경우, 시합 전 공식 인터뷰를 거절하거나 귀찮은 듯 대충대충 하는 경우, 계약이 남아있음에도 타 단체로 도주를 시도하는 경우 등 그 유형도 참 다양합니다. 이유는 단 하나, 자신의 이익 때문이에요.

대회사와 팬들을 무시하는 이런 상황이 발생하면 직원들은 자괴감에 빠져요. '이런 인성을 가진 선수를 위해 그동안 고생하며 마케팅에 매달렸나' 하는 생각이 들어 모든 일이 허무하게 느껴지죠. 자신을 키워준 대회사에 은혜를 갚으라거나 감사함을 느끼라는 말을 하는 게 아닙니다. 그런 건 바라지도 않고요. 최소한 서로 약속한 것들을 지키라는 거예요. 법의 테두리 안에서

합의한 계약 내용을 이행하기만 하라는 건데, 어린 선수들을 상대로 그 의미를 가르쳐주는 게 생각보다 쉽지만은 않습니다. 격투기 시장이 아직 성숙하지 않아서 이런 일들이 쉽게 벌어지는 게 현실이죠.

하지만 우리는 원칙을 중요하게 생각합니다. 그래서 이런 문제에 대해서만큼은 암묵적인 룰에 따라 철저히 통제해요. 그러다보니 회사 전체적인 분위기가 인성을 강조하게 되었고, 사내 규칙도 그에 맞춰 바뀐 것들이 많습니다. 로드FC에는 오래 근무한 직원들이 많은데, 10년이 넘는 시간 동안 열정을 바쳐 성공시킨 선수들에게 상처받는 일이 반복되자 자연스럽게 만들어진 규칙이죠. 때로는 냉정하게 보이더라도 이 스포츠 산업이 성숙해지려면 계약을 성실히 이행하는 것부터 반드시 지켜져야 합니다.

대한민국 최고의 해설가

격투기에 조금이라도 관심이 있는 사람이라면 '김대환'이라는 이름을 모르는 사람은 없을 겁니다. 2003년 M-1 대회 해설을 시작으로 로드FC, PRIDE, K-1, UFC, One Championship 등 수많은 메이저 대회의 해설을 도맡아 한 대한민국 최고의 격투기 해설가라는 평가에 부족함이 없는 인물이죠.

그런 대환이를 알게 된 것이 어느새 10년을 훌쩍 넘었습니다. 예전에는 격투 사업에 대한 고민이 있을 때마다 대환이를 찾아갔는데, 밤낮없이 수시로 찾아가도 역정 한번 내지 않고 밤이 새도록 모든 고민을 다 들어주더군요. 대환이는 그런 사람이에요. 대환이와 긴 시간을 함께하며 '사람이 어떻게 이렇게 바를 수가 있을까'라는 생각을 정말 많이 했습니다. 그 누가 아무리 달콤한 무언가로 유혹한다 해도 대환이를 오염시킬 수는 없을 거라고 확신합니다. 사실 똥물 출신의 저는 처음에 대환이를 이해할 수가 없었어요. 어떻게 이렇게 바른 사람이 있을 수 있는지, 그것이 책을 통해서 배운 것인지, 아니면 이미지 메이킹을 위해 착한 척을 하는 것인지 의아했죠. 하지만 그 의문은 대환이의 아버님을 만나 뵙고 나서 곧 풀렸습니다. 한번은 시합장에 찾아오셨고, 함께 식사를 하며 많은 이야기를 나누었는데, 대환이가 바르게 자랄 수 있었던 바탕이 바로 부모님이었다는 걸 그때 깨달았습니다. 그 후로 저는 대환이에게 부모님께 감사해하고 잘 해드리라는 말을 입버릇처럼 하곤 합니다.

대환이는 굉장히 섬세하고 부드러운 사람입니다. 말 한마디를 해도 상대가 상처받지 않도록 배려하는 것이 몸에 배어있어요. 쓴소리를 해야 할 상황에서도 최대한 듣기 좋은 말로 타이르고, 타협하는 그런 사람이죠. 가끔은 상대방이 대환이의 뜻을 제대로 이해하지 못해 지켜보는 입장에서 안타까울 때가 있을 정도예요. 그리고 지금도 자신보다 어린 후배에게 깍듯이 존댓말을 사용합니다.

그러나 보이는 것처럼 한없이 좋기만 하고, 무른 사람은 아닙니다. 자신의 주관이 매우 뚜렷하고 강단 있는 인물이에요. 저처럼 욱하고 타올랐다가 금방 풀어지는 사람보다 대환이 같은 스타일이 정말 무서운 건데, 그걸 모르는 사람들이 많더군요.

김대환 전 대표와 와인 한잔을 나누던 순간

어떤 사람들은 "김대환을 앞에 세워두고, 정문홍이 뒤에서 모든 것을 조종했다"고 말합니다. 하지만 그건 맞지 않는 말이에요. 저는 김대환 대표가 자신의 계획을 마음껏 펼칠 수 있도록 뒤에 서있었을 뿐입니다. 무슨 일을 하든 믿는 구석이 있어야 제대로 할 수 있으니까요. 함께 많은 이야기를 나누고, 또 일을 했기 때문에 의견이 다른 경우가 종종 발생했습니다. 그럴 때 김대환 대표가 저로 인해 뜻을 꺾은 적은 단 한 번도 없었어요. 제가 김대환 대표에게 가지고 있던 감정이 맹목적인 신뢰였기 때문이죠.

그런데 한번은 커다란 오해로 인해 서로가 큰 상처를 받을 뻔한 일이 있었습니다. 대환이가 로드FC에 합류하여 열심히 일을 하던 어느 날이었어요. 중국 대회 준비를 위해 함께 중국으로 가던 중 비행기에서 평소와 달리 상기된 얼굴로 제게 말하더군요.

"형님, 며칠 전 형님이 저에 대해 하신 말씀 때문에 정말 괴로웠습니다."

저는 갑자기 무슨 말인가 싶었어요.

좀 더 얘기를 들어보니 제가 누군가에게 대환이 욕을 했고, 그걸 전해 들었다는 거예요. 그날 집에서 아내와 그 이야기를 나누며 펑펑 울었다고 하더군요. 그런데 아무리 생각을 해봐도 기억이 나지 않는 겁니다. 그렇다면 아마 제가 말하는 습관에서 비롯된 오해일 것 같았어요. 비록 의도한 것은 아니었지만 대환이가 큰 상처를 받았다니 진심으로 사과를 했고, 다시는 그런 일이 없도록 조심하겠다고 말했습니다. 단, 그게 인지하지 못할 정도로 습관적인 문제라면 조심한다고 해도 무의식중에 또다시 발생할 수 있는 일이니, 앞으로도 그런 얘기를 듣게 되면 제게 꼭 말해달라고 했죠. 절대 오해하지 말라고 덧붙이면서요. 제 설명이 끝나자 대환이는 오히려 미안하고 감사하다며 어쩔 줄을 몰라 하더군요.

오해를 풀고 나서 곰곰이 생각해보니 저도 무척 화가 나는 겁니다. 제가 누군가와 나눈 대환이에 대한 말이 미묘하게 다른 뉘앙스로 바뀌어 대환이에게 전해졌는데, 그 의도가 다분히 악의적이었으니까요.

저는 대환이를 절대적으로 믿습니다.

그런 모습을 시샘하며 이간질을 하는 사람들이 있어요. 대환이에게 그랬듯 제게 와서도 은근히 대환이를 깎아내리는 말을 하는 사람들이 있죠. 그럴 때마다 저는 그들에게 말합니다.

"대환이가 무슨 말을 하든, 대환이가 그렇다면 그런 겁니다. 그러니 무조건 믿고 따라주세요."

킴앤정TV, 가오형LIFE

　　유튜브 방송을 시작한 가장 큰 이유는 팬들에게 우리의 소식을 꾸준히, 그리고 솔직하게 전달하고 싶어서입니다. 사실 그동안은 로드FC에 대한 소식을 기사에 의존하는 경향이 컸어요. 그러다보니 의도가 왜곡되어 팬들에게 전해지기도 하고, 각종 루머가 난무해도 바로잡기까지 너무 힘든 과정을 거쳐야 했죠. 그러나 이제는 거꾸로 우리의 유튜브 방송을 통해 기사가 만들어지고 있습니다. 우리의 입을 통해 직접 이야기를 하다보니 오해가 생기는 일이 훨씬 줄었고, 잘못한 일은 빠르게 사과를 할 수 있게 되었죠. 유튜브를 그런 의도로 시작했기 때문에 구독자 수나 조회 수에 큰 의미를 두지는 않습니다.

주변에서는 단체의 수장으로서 너무 가벼워 보이는 것은 아닌지, 소위 '관종'으로 비치는 것은 아닌지 걱정하는 시선도 있었지만, 영상을 보면 우리가 무엇을 하고 싶은지 알 수 있을 거예요. 이제는 정치인, 연예인 등 누구나 할 것 없이 유튜브를 통해 팬들과 소통하고 있으니, 그리 새로운 시도는 아닌 거죠.

앞으로 우리는 유튜브 방송을 통해서 공식적으로 하지 못했던 이야기들, 사람들에 대한 이야기, 선수들에 대한 이야기를 많이 들려줄 거예요.

―
유튜브 킴앤정TV에 출연하고 있는 황인수 선수

백만 달러 토너먼트

2016년 10월 12일 우리는 로드FC 034 중국 대회를 앞두고 100만 달러 토너먼트 계획을 공개했습니다. 2010년 로드FC 출범 이후 여러 차례 중국, 일본 대회를 개최하며 해외에 한국의 종합격투기를 알려왔지만, 그중 100만 달러 토너먼트는 전 세계가 주목한 가장 임팩트 있는 이벤트였어요. 종합격투기의 중심을 미국에서 아시아 대륙으로 되돌리기 위한 프로젝트였죠.

토너먼트 우승자에게 100만 달러를 주는 이 이벤트는 원래 상금을 중국에서 투자받기로 했습니다. 그런데 실제 들어간 비용은 50억 원을 상회했을 정도로, 상금이 문제가 아니었어요. 러시아, 필리핀, 일본, 중국 등 전 세계 지역 예선을 치르면서부터 많은 비용이 소요되었고, 토너먼트가 진행되면서 선수들의 파이트머니도 일반 대회 때보다 훨씬 더 큰 금액을 지급해야 했습니다. 그럼에도 불구하고 100만 달러 토너먼트는 해외에 한국 격투기의 존재를 확실히 어필한 멋진 시도였다고 생각합니다.

2016년 11월 중국에서 열린 지역 예선을 시작으로, 약 5개월여 동안 전 세계에서 100만 달러 토너먼트의 예선전이 치러졌습니다. 그 후 16강, 8강, 4강전을 거쳐 만수르 바르나위와 샤밀 자브로프가 최종 도전자로 살아남았고, 이 경기에서 만수르 바르나위가 승리하며 권아솔과 100만 달러 상금을 놓고 대결을 펼쳤죠. 결과는 만수르 바르나위가 1라운드 3분 44초 만에 서브미션으로 승리, 3년여에 걸친 긴 여정이 대단원의 막을 내렸습니다.

100만 달러 토너먼트를 진행하면서 귀가 따갑게 들은 말이 왜 권아솔을 끝판왕으로 세웠는지에 대한 질문이었습니다. 그 이유는 명확합니다. 첫째는 권아솔이 로드FC 라이트급 챔피언이었기 때문이고, 둘째는 상품성이 크며, 셋째는 경기 내외적으로 발생할 엄청난 압박감을 버틸 내공이 있는 선수였기 때문입니다. 만약 그 당시 UFC에서 똑같은 콘셉트의 이벤트를 개최했다면, '로드 투 하빕'을 기획했을까요? 아니면 '로드 투 맥그리거'를 기획했을까요? 비즈니스적인 측면에서도 그렇고, 한국 격투기에 남아 함께할 의리를 갖추고 있는 면에서도 그렇고, 다양한 요소를 고려했을 때 권아솔이 가장 적합한 인물이었기 때문

3년여에 걸쳐 치러진 100만 달러 토너먼트에서 만수르 바르나위가 최종 우승을 차지하던 순간

에 그런 그림이 만들어진 것입니다.

또, 실전 감각이 떨어질 것이 뻔한데, 권아솔을 왜 토너먼트 중간에 넣지 않고 결승전으로 바로 직행시켰는지 비난하는 사람도 많았습니다. 실제로 토너먼트 참가자들은 여러 차례 대회를 치르며 날카롭게 날을 세울 수 있었지만, 권아솔은 그러지 못했죠. 토너먼트 일정이 예상보다 길어지면서 실전 감각에 대한 우려가 더욱 부각되었는데, 물론 우리도 링 러스트(Ring Rust) 문제에 대해 많은 고민을 했습니다. 하지만 현실적으로 어쩔 수 없는 선택이었어요.

16강전에서 남의철, 박대성, 김창현 선수가 모두 탈락하며 8강까지 살아남은 한국 선수는 전무했습니다. 한국에서 개최한 이벤트에 한국 선수가 남아있지 않으면 흥행 실패는 불을 보듯 뻔한 일이 됩니다. 대회를 치르는데 관객도 별로 찾지 않고 사람들이 관심을 가지지 않으면 살아남은 선수들도 흥이 나지 않을 거예요. 권아솔을 결승전으로 직행시킨 것은 여러 가지 상황을 고려해서 선택한 고육지책이었습니다.

과거 일본의 K-1에서는 매년 토너먼트를 진행했는데, 자국 선수 무사시의 경우 판정까지만 버티면 무조건 승리한다는 말이 있었습니다. 무사시가 경기할 때는 심판 판정이 너무 노골적이라는 비난을 받으면서도 그럴 수밖에 없었던 것 역시 비즈니스 측면에서 보면 이해가 되는 일이었죠.

100만 달러 토너먼트가 진행되는 동안 권아솔의 독설도 논란이었습니다. 권아솔이 한마디 할 때마다 큰 화제가 되었는데, 최종전에서 패배한 이후 비난의 수위가 매우 높아졌죠. 곁에서 지켜보기가 안쓰러울 정도였어요. 그래서 저는 SNS를 통해 입장을 밝혔습니다. 권아솔의 독설은 모두 제가 시킨 것이라는 내용이었죠.

그러나 제가 SNS에 그런 해명을 남기는 것은 좋지 않은 선택이었습니다. 권아솔이 그동안 쌓아온 이미지를 부정하는 글이었거든요. 권아솔은 우리나라 격투가 중 가장 대표적인 트래시 토커로 평가받는 선수인데, 그걸 단체의 대표가 지시했다는 얘기였으니까요. 아솔이를 위해서도, 단체를 위해서도 바람직한 선택은 아니었죠. 하지만 이것저것 계산할 것 없이 로드FC를 위해, 100만 달러 토너먼트의 성공을 위해 열심히 뛰어준 아솔이에게 '네 잘못이 아니다', '나는 언제나 네 편이다'라는 메시지를 전하고 싶었습니다.

이런 제 진심이 통했는지 이후 권아솔에 대한 비난은 점차 사그라들었고, 팬들 역시 제 발언에 대해 문제를 제기하지 않으면서 논란은 일단락되었습니다.

어떤 일을 할 때 발생할 수 있는 모든 상황을 다 예측하고, 미래를 완벽하게 대비해서 계획을 실행한다는 것은 불가능합니다. 100만 달러 토너먼트 프로젝트도 완벽하지는 못했습니다. 모두를 만족시킬 수는 없었죠. 하지만 우리가 목표했던 것을 이루었고, 어려운 상황에서도 끝까지 마무리 지었습니다.

제가 선수들에게 때때로 하는 말이 있습니다.

"남자라면 안 되는 길이라는 것을 알아도 가야 할 때가 있는 거야."

이 프로젝트는 로드FC에게도 권아솔에게도 험난한 길이 될 것이라는 걸 알았지만, 반드시 가야 했습니다. 그리고 우리는 완주해냈어요.

—
원주를 방문한 권아솔과 커피 한잔 마시던 날

큰
그
림

우리는 앞으로 타 단체들과 차별화된 모습으로 성장해나갈 계획입니다. 로드FC 대회를 끊임없이 발전시키고, 선수들에게 보다 나은 대우를 해주기 위해서는 먼저 회사의 재정이 든든해야 합니다. 그런데 한국에서는 격투기 대회로 돈을 벌 수 있는 구조가 못 되기 때문에 향후에도 안정적으로 대회사를 운영하려면 '묘수(妙手)'가 절실히 필요했어요. 그런 모습을 늘 안쓰럽게 지켜보시던 굽네치킨 홍경호 대표님이 도움을 주셨고, 2020년 7월 1일 우리는 프리미엄 종합 스포츠몰 '로드몰'을 정식으로 오픈했습니다. 로드FC가 경제적으로 자립하기 위해 첫발을 내딛은 거죠.

지난 10년이 세계 속에 로드FC라는 브랜드를 알리기 위한 시간이었다면, 다가오는 10년은 그 열매를 수확하는 시간이 될 겁니다. 로드몰을 시작으로 이미 굵직한 사업들이 진행되고 있고, 이 사업들을 통해 믿을 수 없는 도약이 약속되어 있거든요.

로드FC 오피셜 짐

대회 운영 면에서도 많은 새로운 시도가 있을 거예요. 그중 1년을 한 시즌으로 하는 토너먼트 방식의 대회 운영은 제가 늘 생각하고 있는 계획 중 하나입니다. 연초 모든 체급의 예선을 시작해서 연말에는 전 체급 결승전이 하루에 열리는 거죠. 특별한 경우에는 하루 동안 8강 혹은 4강부터 결승전까지 치르는 원데이 토너먼트도 구상하고 있어요.

선수들에게는 힘든 일정일 수 있으나 팬들에게는 분명 흥미로운 경기 방식이라고 생각합니다. 토너먼트에서 우승을 차지한다는 건 실력뿐 아니라 운도 따라야 합니다. 그 과정에서 변수가 발생하고, 신데렐라가 탄생하죠. 토너먼트는 팬들이 선수에 집중하도록 해줍니다. 이 계획이 실현되기 위해서는 몇 가지 문제들을 해결해야 하지만, 결국 로드FC에서 시도해야 할 시스템이라고 생각하고 있어요.

로드FC는 토너먼트 이외에도 다양한 방향에서 변화를 계획하고 있습니다. 먼저 MMA 경기에 링을 도입할 거예요. 링에서 경기를 하면 태클이 들어올 때 엉덩이를 뒤로 빼고 피할 수 있는 여지가 많아 상대적으로 타격가가 유리합니다. 레슬러와 같은 그라운드 베이스의 선수들은 케이지에서 경기를 할 때보다 불리해지겠죠. 그렇지만 분명 지금보다 더 박진감 넘치는 경기들이 펼쳐질 겁니다.

입식 경기를 비롯하여 복싱 등 여러 스포츠 대회를 개최할 생각도 가지고 있습니다. 로드FC는 MMA 대회만을 개최하는 브랜드가 아니에요. 어떤 종목이든 챔피언으로 갈 수 있는 길을 만들어주는 게 저희가 할 일이라고 생각합니다. 그중에서도 특히 복싱과 입식 분야는 오래전부터 우리와 함께 가야 할 종목이라고 마음에 담고 있었어요. 입식 선수들이 열악한 환경에서 운동하는 것을 보면 늘 마음이 무거웠습니다.

또, 복싱은 제가 정말 좋아하는 종목입니다. 복싱 경기를 보고 있으면 마치 한 편의 예술 작품을 보는 것 같아서 한국 복싱이 잘되길 바라는 마음을 늘 가지고 있어요. 개인적으로 한국 복싱의 레전드들을 존경합니다. 그동안은 MMA에 집중해야 했기 때문에 그들과 손을 맞잡을 힘이 없었지만, 이제는 때가 되었다고 생각해요.

모든 종목은 시즌제 토너먼트 방식을 적용해서 한 해 동안 리그를 치르고, 연말에는 격투 스포츠 대축제를 개최하는 것이 우리의 목표입니다. 수준 높은 매치, 흥미로운 매치로 가득 채워 타 단체들과는 완전히 다른 독자적인 길을 걸으며, 그동안 격투기 대회를 보면서 뭔가 아쉬웠던 팬들의 갈증을 시원하게 풀어줄 겁니다. 구체적인 실행 계획은 이미 세워두었고, 몇몇 걸림돌만 제거하면 곧 만나볼 수 있습니다.

―
낯선 곳에서 길을 찾고 있던 모습

A
R
C

2020년 본격화된 코로나19 바이러스는 전 세계에 큰 상처를 남겼습니다. 사회 시스템의 상당 부분이 마비되었고, 우리가 오랜 시간 익숙하게 해오던 생활 방식도 갑작스럽게 바뀌었죠. 격투기 분야 역시 역병의 그늘을 피할 수 없었습니다. 예정된 대회들이 무기한 연기되거나 취소되었으며, 미래를 그려볼 수 없는 상황에 처했어요.

문제는 이런 재난 상황이 언제 다시 찾아올지, 얼마의 시간이 지나야 완전히 종식될지 모른다는 것이었습니다. 로드FC는 이러한 재난 상황에서 격투기 산업이 나아갈 수 있는 방향을 모색했고, 그 일환으로 론칭한 대회가 바로 ARC(AfreecaTV ROAD Championship)입니다.

무관중으로 치러지는 온라인 격투기 대회.

특히 ARC는 아프리카TV와 함께 개최하는 대회로 레거시 미디어가 아닌 인터넷으로 중계하기 때문에 해설도 좀 더 과감하게 할 수 있으며, 재난 상황에서도 유연하게 대회를 치를 수 있다는 것이 큰 장점입니다. 코로나19로 인해 사람들은 새로운 환경에 적응해야 했고, 그에 맞춰 등장한 콘텐츠에 익숙해지면 점차 그것이 주류로 자리 잡게 되는 것입니다. 스포츠 대회의 패러다임은 앞으로 상당 부분 변화가 이루어질 것이라고 생각해요.

코로나 쇼크 상황에서도 대회를 성공적으로 개최하자 이제는 오히려 기존 방송국에서 아프리카TV 측으로 중계 판권 구매를 타진했다고 하더군요.

우리는 코로나19 시대를 맞아 발 빠르게 생존을 위한 대응책을 마련했지만, 문제는 코로나19가 실내 스포츠 산업 전반을 벼랑 끝까지 몰고 갔다는 사실입니다. 헬스장을 포함해 각종 실내 체육 업종들은 영업장 문을 열지 말라는 정부 지침을 준수하며 정상적으로 운영할 수 있는 날만을 기다렸으나, 감내해야 하는 시간이 너무 길어졌죠. 역병이 언제 사라질지 기약할 수 없는 상황에서 시설을 운영하는 많은 분들이 극도의 고통을 겨우 견뎌내고 있었습니다. 코로나19가 종식되기 전에 실내 체육 업종이 먼저 종말을 맞게 될 상황이었어요. 실제로 많은 시설들이

ARC 대회장에서 경기에 승리한 배동현 선수, 그리고 아프리카TV 대표와 함께

매달 눈덩이처럼 불어나는 적자를 감당하지 못하고 무너졌습니다. 어떤 관장님들은 자신의 체육관 문을 닫아놓고 생계를 위해 배달 아르바이트를 나가야 했죠. 우리 협회에 가입된 체육관들

도 예외는 아니어서 지켜보는 제 마음은 이루 말할 수 없이 아팠습니다. 나름대로 다양한 채널을 통해 체육인들의 어려움을 전달하고 손실을 보상하기 위해 애썼지만, 제 노력이 얼마나 도움이 됐는지는 모르겠습니다.

참으로 무기력함이 느껴졌죠.

한번은 한 정당의 당 대표와 간담회 자리가 마련되어 참석한 적이 있습니다. 그 자리에서 저는 체육인들이 겪고 있는 고충을 전하고, 현실적인 보상, 그리고 응원의 메시지를 부탁했어요. 솔직히 말하면 정부에서 지원금을 받는다고 해도 그것이 우리에게 금동아줄이 되지는 못한다는 것을 잘 알고 있었습니다. 다만, 우리 체육인들이 희생하여 코로나 상황을 그만큼 방어하고 버틸 수 있었다고, 따뜻한 응원의 말을 전하고 싶었던 거예요.

사실 저는 체육인들을 대표하는 사람도 아니고, 그들을 대표해서 목소리를 낼 자격이 있는 사람도 아닙니다. 그러나 저 역시 그들과 같은 길을 걷는 동지로서, 작은 힘이 되고 싶었습니다.

그렇게 모두가 어려웠던 시점에 열린 ARC 대회는 격투기 경기에 목말라있던 팬들에게도 단비와 같은 대회였습니다. 비록 절망적인 상황이 이어졌지만, 절대 포기하지 않고 이겨내겠다는 우리의 시도가 많은 사람들에게 깊은 인상을 남긴 대회였죠.

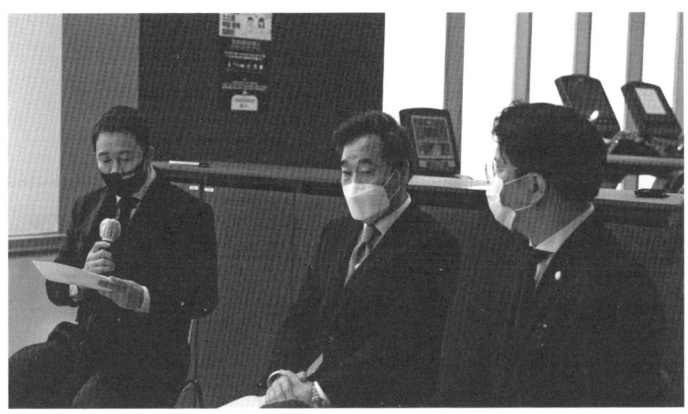

당시 여당과 야당 당 대표와의 간담회 자리

작은 꿈

저는 일본의 DEEP, 판크라스(PANCRASE) 같은 대회의 분위기를 좋아합니다. 남편의 경기에 아내가 아기를 업고 찾아와 응원하는 모습, 아무런 캐릭터도 실력도 없는 선수이지만 그냥 그 선수가 좋아서 경기마다 찾아다니는 팬의 모습, 친구들과 함께 아버지의 승리를 외치는 10살 아들의 모습…. 작은 규모의 대회들이지만, 선수와 관중 사이에 가족과 같은 끈끈함이 느껴지는 그런 대회가 정말 부러워요.

그동안 여러 국가에서 큰 규모의 대회들을 개최해봤고, 세계적으로 화제가 된 대회들을 치르면서 어쩌면 이런 바람들이 더 간절해지고 있는지도 모르겠습니다. 물론 그런 과정들을 겪

—
제자 김수철 선수에게 챔피언 벨트를 전달하던 순간 감정이 격해져 눈물을 참을 수 없었다.

은 덕분에 로드FC가 많은 성장을 할 수 있었기에 제게는 무척 소중한 시간들이죠. 하지만 언젠가는 큰 이슈가 없는 대회, 거대한 팬덤을 거느린 선수가 없는 대회에도, 작은 경기장을 찾아 자신이 응원하는 선수의 패배에 눈물을 흘리는 그런 팬들과 함께 대회를 만들어가고 싶어요. 마케팅이 잘 먹혀서 라이트한 팬들로 가득 들어찬 대형 대회도 좋지만, 마니아층이 많아져서 단단한 대회를 이끌어가는 게 제 목표입니다.

다양한 국가의 강자들을 로드FC 대회에 출전시켜 경기력도 높이고, 한국의 격투 문화를 세계에 알리고 싶습니다. 우리가 한국 선수의 해외 진출로 인해 유럽 프로 축구팀을 새롭게 알게 되고 응원하게 된 것처럼, 세계 각국의 격투 팬들이 로드FC에서 활동하는 자국 선수를 응원하고, 나아가 로드FC를 응원하게 되는 그런 단체로 만들고 싶어요.

모닥불을 피우고 제자들과 함께 담소를 나누던 어느 가을밤

| STORY 3 |

극복해야만 했던 거대한 벽

○

싸움의 기술

살다보면 직장에서 라이벌을 만나기도 하고, 자기를 괴롭히는 존재와 피할 수 없는 다툼을 벌여야 할 때가 있습니다. 라이벌도 그렇고, 자신을 괴롭히는 존재도 그렇고, 기본적으로 그들은 나를 밟고 넘어가려는 생각을 가진 사람들이에요. 그런 일을 겪을 때는 기세를 잃지 말고 강하게 대응해야 합니다. 어차피 가만히 있어도 당하기는 마찬가지예요. 이왕 죽을 거 이빨 꽉 깨물고 용감하게 나가면, 오히려 상대방의 기세를 꺾을 수 있습니다. 정면으로 부딪혔을 때 이길 확률이 10%밖에 되지 않는다고 해도 기세에서 앞서면 충분히 승리할 수 있어요.

단순히 용기를 주거나 현실과 동떨어진 막연한 이야기를 하는 것이 아닙니다. 실제로 격투기 경기에서 실력만 봤을 때는 열세로 평가받는 선수가 모두의 예상을 뒤엎고 승리하는 경우 역시 기 싸움에서 이겼기 때문인 경우가 많아요.

물론 그런 방법이 모두에게 통할 수 있는 것은 아닙니다. 내 실력을 키우

기 위해서는 시간이 필요한데, 그동안 상대가 자기 실력을 발휘하지 못하도록 하는 전략의 하나라고 생각해야겠죠. 궁극적으로는 상대가 나를 밟고 올라설 대상으로 보지 못하게, 괴롭힐 존재로 여기지 못하도록 강력한 힘을 키우는 것이 무엇보다 중요합니다. 싸움은 실력만으로 이길 수 있는 것이 아니라는 사실을 꼭 명심하세요.

상
처
와
망
각

고등학교 1학년 때로 기억합니다.

하루는 불량 서클에서 활동하던 애들이 저를 불렀습니다. 따라갔더니 벽에 세우고는 다짜고짜 뺨을 때리더군요. 갑작스러운 일에 어안이 벙벙했지만, 그냥 가만히 있었습니다. 당시 저는 합기도부에서 운동을 하던 시기였는데, 그럼에도 불구하고 솔직히 무서웠어요. 아주 오래된 일이지만 어찌나 기억에 각인이 되었는지, 아직도 잊히지가 않아요. 그래서 요즘 학교폭력을 당하는 아이들이 얼마나 트라우마에 시달릴지 저는 그 마음을 충분히 이해합니다.

그리고 몇 년 전, 그때 저를 때렸던 친구로부터 약 20년 만에 전화가 걸려왔어요. 반갑게 인사를 하며 안부를 묻고는 제게 고민을 털어놓더군요. 요지는 자신의 중학생 아들이 3년째 학교폭력에 시달리고 있어 괴롭다는 이야기였습니다. 이리저리 늘어놓는 넋두리를 듣다보니, 자신이 과거에 저를 때렸던 일은 기억하지 못하는 것 같았어요.

　일본에서 선수로 활동할 때 헤비급 선수와 경기를 한 적이 있었습니다. 시합 하루 전 한 헤비급 선수가 시합을 뛸 수 없게 됐는데, 제가 대체 선수로 들어간 거죠. 사람들의 걱정과 달리 저는 이길 자신이 있었고, 몸 상태도 괜찮았지만 체급 차이를 극복하지 못했습니다. 결과적으로 제가 졌어요. 굉장히 불리한 경기였음에도 대회사를 위해 용감하게 싸웠는데, 경기 후 에이전트가 찾아와서는 제게 욕을 하더군요. 당시 우리 선수들은 시합을 준비하는 동안 대회사가 정해준 숙소에서 닭가슴살 위주의 음식만 먹으며 지냈습니다. 하지만 제가 동행할 때는 사비를 털어 맛있는 걸 사주곤 했어요. 그런데 한 선수가 그걸 에이전트에게 몰래 이야기했던 겁니다. 에이전트는 제가 규율을 무시하고, 분위기를 흐려 나쁜 결과를 만들었다고 생각했습니다. 그래서 시합에 지자마자 저를 찾아와 큰 소리로 비난을 한 거예요.
　그때 세컨으로 함께한 동생들 앞에서 저는 정말 큰 모멸감을 느꼈습니다. 그리고 다시는 그런 경기를 하지 않겠다고 다짐했죠. 그 사건은 제가 로드FC를 시작하게 된 계기 중 하나이기도 합니다. 다음 날 혼자서 한국으로 돌아오며 생각했어요. 언젠가 K-1, PRIDE보다 더 큰 대회를 일본에서 개최할 것이고, 나는 일본 선수들에게 절대 이런 대우를 하지 않겠다고 말이죠.

시간이 흘러 로드FC가 자리를 잡자 그때 제게 큰 상처를 줬던 그분에게서 연락이 왔어요. 다양한 교류를 통해 로드FC의 도움을 받고 싶어했죠.

제가 큰 상처를 받았던 일들.

저는 긴 시간 동안 기억에서 지우지 못했는데, 막상 상처를 준 사람들은 진작에 잊고 살았다니, 참 묘한 감정이 들었습니다. 솔직히 지금은 제가 그들보다 조금 나은 위치에 있는 것 같아 갚아주고 싶은 생각도 있었지만, 그렇게 안 되더군요.

그 후 친구의 아들은 우리 체육관에서 운동을 배웠고, 일본의 에이전트에게는 필요로 하는 것들을 도와주었습니다.

나약함을 극복하며 얻은 것

20대 후반, 한번은 알고 지내던 누나가 자신의 지인에게 돈을 좀 빌려주라고 해서 2백만 원 정도를 빌려준 적이 있습니다. 자기가 보증을 설 테니 걱정하지 말라고 했죠. 하지만 시간이 많이 흘렀는데 빌려간 사람은 돈을 갚지 않았고, 누나도 발뺌을 하더군요. 어쩔 수 없이 돈을 빌려간 사람에게 직접 연락을 했는데, 알고보니 동생이 깡패였습니다.

하루는 어느 술집의 룸으로 저를 부르더라고요. 문을 열고 들어갔더니 옆에 부하 2명을 세워놓고 한 남성이 앉아있었습니다. 자리에 앉자마자 대뜸 빌려준 돈을 받지 말라고 하는 겁니다. 황당하기도 하고, 분위기가 강압적이기도 하고 그래서 말을 좀 얼버무렸어요. 그랬더니 쉴 새 없이 쌍욕이 날아오더군요. 결국 알겠다고 하고는 밖으로 나왔습니다.

그때가 결혼한 지 한두 달밖에 안 됐을 때였는데, 나오자마자 와이프에게 전화를 했어요. 내가 오늘 너무 비참해서 집에 못 들어갈 것 같다고 했죠. 그러면서 자초지종을 이야기했습니다. 그동안 센 척, 허세, 온갖 똥폼은 다 잡고, 격투기 체육관 관장으로서 불의를 보면 못 참는 것처럼 행동하고는 정작 눈앞의 깡패가 두려워 내 돈을 포기해버린 상황.

내 삶은 모두 거짓이었던 거예요. 도저히 견딜 수가 없었죠. 와이프에게 저란 사람이 얼마나 쓰레기인지, 비겁하고 비열한 사람인지 모두 쏟아냈어요. 그날 저는 밤새 방황하며 스스로를 나락의 끝까지 밀어버렸습니다. 이후로는 다시 그런 상황 앞에 서게 되면 멋지게 죽기로 결심을 했고, 돌이켜보면 그 일이 지금의 정문홍을 깨운 계기가 되었어요.

어쩌면 제가 나약했기 때문에 선수들의 심리 상태를 누구보다 잘 알 수 있는 것 같아요. 경기 중에 선수가 공격이든 방어든 어떤 행동을 했을 때 왜 그렇게 했는지 그 선수의 마음을 알 수 있는 거죠. 그 능력은 긴 시간 수많은 경기들을 보며 더욱 완성되었습니다. 요즘 제게 학교폭력 문제로 상담을 해오는 아이들이 많은데, 저는 누구보다도 그 아이들의 입장을 이해할 수 있어요. 그럴 때면 제 경험을 예로 들어 극복할 수 있도록 조언을 아끼지 않습니다.

학교폭력에 대한 단상

저는 학교폭력 가해자들에게 선처를 할 필요가 없다고 생각하는 사람입니다. 인성은 잘 변하지 않아요. 친구들과 함께 생활하고 놀다보면 한두 번 티격태격 싸울 수는 있으나, 누군가를 집요하게 괴롭히는 애들은 변하기 쉽지 않다고 생각합니다.

곁에서 보고 있으면 선수들 중에도 눈살을 찌푸리게 하는 사람들이 있어요. 틈만 나면 후배들에게 허드렛일을 시키거나 귀찮게 하고, 괴롭히죠. 훈련을 할 때도 자신은 후배들의 도움을 받아 미트 치기를 하면서, 정작 후배나 제자들이 훈련할 때면 자기는 미트 치기를 받아주지 않아요. 팀원들의 많은 도움을 받으며 시합을 준비하지만, 시합이 끝나면 몇 주에서 한 달씩 체육관에 얼굴을 비추지 않습니다. 자신의 시합을 돕던 팀원이 다음 주에 경기를 가지는데도 자기 컨디션 회복을 최우선으로 생각하죠. 스파링을 할 때도 실전처럼 강하게 쳐서 훈련 상대를 다치게 하는 등 참 이기적인 모습을 보이는 선수들이 있습니다. 오랫동안 지켜봤지만 그런 선수는 절대 변하지 않더군요.

학교폭력 가해자들도 똑같은 애들이에요. 앞에서도 언급했듯이 저 역시 학교폭력 피해를 입은 경험이 있습니다. 요즘 뉴스에 나오는 것처럼 심각한 괴롭힘을 당한 것은 아니지만, 그럼에도 그 트라우마가 얼마나 컸는지 몰라요. 지금도 가끔은 '그때 내가 가해자들을 짱돌로 찍었으면 어땠을까' 하고 생각합니다. 이 나이가 되도록 이런 생각과 표현을 한다는 게 참 민망한 일이나, 그만큼 학교폭력은 피해자에게 평생 지울 수 없는 상처를 남긴다는 걸 알아야 합니다. 저 같은 사람도 아직까지 잊지 못하고 사는데, 다른 친구들은 어떻겠어요?

"때린 놈은 다리를 못 뻗고 자도 맞은 놈은 다리를 뻗고 잔다"라는 속담이 있습니다. 그러나 학교폭력에서만큼은 전혀 맞지 않는 말이에요. 피해자들은 평생을 치유하기 어려운 마음의 상처를 안고 살아야 하지만, 가해자들은 자신의 잘못에 대한 벌도 받는 둥 마는 둥 아무 일 없었다는 듯이 번듯하게 살아갑니다.

학교폭력 방지 캠페인. 청와대 행정관이던 형님과 함께

학교폭력 문제에서는 무엇보다도 어른들의 역할이 매우 중요합니다. 학교폭력이 피해자들의 삶을 얼마나 심각하게 파괴하는 일인지 확실하게 알려주어야 하고, 강력한 처벌도 뒤따라야 해요. 또, 체육관의 지도자들은 기술만 가르칠 것이 아니라 반드시 인성 교육도 병행해야 합니다. 선생님과 부모는 그 수위가 낮든 높든, 혹시 학교폭력이 발생하고 있지는 않은지 아이들을 잘 관찰해야겠죠.

보통 학교폭력은 시선을 피해 은밀한 곳에서 일어나기 때문에 학생들도 어른이 보호해줄 것만 믿고 있으면 안 돼요. 결국 자신의 몸을 스스로 지킬 수 있어야 하는데, 종합격투기든 복싱이든 운동 한 가지 정도는 꼭 배워서 불량한 애들에게 자신이 약하지 않다는 인식을 심어줘야 해요. 만약 가해자가 여럿이어서 혼자 힘으로는 싸워 이길 수 없다면, 정말 짱돌로 찍어서라도 강력하게 대응해야 합니다. 가해자를 죽이라는 말이 아니라, 전과자가 되라는 것이 아니라 폭력의 고리를 끊기 위해서 강하게 대처해야 한다는 거예요. 상대가 나보다 싸움을 잘할 수도 있고, 힘이 셀 수도 있겠죠. 평생 당하기만 하고 살다가 막상 누군가에게 폭력을 행사하려고 하면 몸이 벌벌 떨릴 겁니다. 그러나 나도 독한 마음을 먹으면 무서운 사람이란 걸 확실히 보여줘야 합니다.

이런 제 의견에 갑론을박이 있을 거라고 생각해요. 하지만 어쩔 수 없습니다. 우리가 흔히 '어떤 경우에도 폭력은 정당화될 수 없다'는 말을 하지만, 그건 상대 역시 룰을 지킬 마음이 있을 때나 고려할 수 있는 옵션이죠. 학교폭력 가해자들에게 다시는 약해 보이는 친구를 괴롭히지 못하도록 뜨거운 맛을 보여주는 게 나와 가해자들 인생에도 도움되는 일입니다.

학교폭력 피해자들은 마음을 굳게 먹고 상황을 끊어내지 않으면 나중에 어른이 되어서도, 부모님 앞에서도, 자식들 앞에서도 똑같은 모욕을 겪을 수 있다는 걸 명심해야 합니다.

한편 학교폭력 가해 학생들은 세상과 사람이 무서운 걸 알아야 합니다. 세상에는 보기와 다르게 정말 강한 사람도 많고, 독한 사람도 많으니 늘 겸손한 마음으로 살라고 말해주고 싶어요. 그렇게 누군가를 괴롭히고, 기분 내키는 대로 행동하다가는 언젠가 사람들 앞에서 크게 당하는 날이 반드시 옵니다. 자신보다 더 강한 상대를 만나서 신나게 맞아보면 얼마나 아프고 비참할지 꼭 한번 생각해보기를 바랍니다.

인간관계의 원칙

많은 사람을 만나다보면 정말 다양한 경험을 하게 됩니다. 기본적으로 저는 선한 사람들에게 그보다 더 선하게 대하려고 노력해요. 그런데 간혹 상대의 선의를 악용하려는 사람들이 있습니다. 김대환 전 대표는 참으로 겸손하고 선한 사람이에요. 자신을 한없이 낮추고, 상대를 존중하는 사람이죠. 하지만 곁에서 보면 그런 대환이가 자신보다 못해서 그런 줄 알고, 무시하며 깔보는 사람들이 많아요. 정말 부족한 사람들인 거죠.

제가 사람을 만나고 대하는 기준은 '진정성'과 '존중'입니다. 많은 스폰서를 연결해주겠다는 사람들, 높은 자리에서 힘을 발휘해주겠다는 사람들, 자신의 부를 이용해 여러 도움을 주겠다는 사람들…. 모두 감사한 일이고 다 좋지만, 저는 제게 손을 내밀어주는 사람보다 제 손길이 필요한 사람들과의 관계를 우선으로 여겨왔고, 제자들에게도 그렇게 가르칩니다.

오래전 언젠가 체육관에서 회원들이 운동하는 모습을 지켜보는데, 가만히 보니까 그룹이 나뉘어있는 거예요. 의사, 변호사, 아나운서 등 전문직에 종사하는 제자들은 체육관의 중앙을 차지한 채 서로 이야기도 나누며 활기차게 운동하는 반면 막노동, 배달, 청소 등 사회적으로 저평가받는 일을 하던 회원들은 구석에서 혼자 소극적으로 쭈뼛거리고 있었습니다. 그 모습을 보고 그날부터 저는 혼자 구석에서 운동하는 분들에게 유독 더 많은 말을 걸었고, 그들이 매트의 한가운데를 차지할 수 있도록 유도하며 운동을 가르쳤습니다. 그러자 몇몇 회원은 그런 제 방침이 마음에 들지 않았는지, 다음 날부터 체육관에 나오지 않았어요. 자신에 대한 대우를 우선시하거나, 격이 맞지 않는 이와 동등한 위치에서 함께 운동하고 싶지 않은 사람들은 그럴 수 있다고 생각합니다. 모두가 같은 생각을 가지고 살아갈 수는 없으니, 그 사람들이 나쁘다고 생각하지는 않아요. 하지만 대부분은 자신에 대한 대우보다 타인에 대한 배려가 먼저라는 것을 이해해주었기에 이전보다 끈끈한 체육관 분위기를 만들 수 있었습니다. 그때 제 마음을 이해해주었던 제자들은 모두 지금까지 저와 함께하고 있습니다. 또, 그 제자들은 각자 자신의 분야에서 선한 영향력을 행사하고 있죠.

로드FC를 만들고 대회가 안정된 이후 해고한 직원들이 있어요. 대회사 관계자들은 선수들로부터 갑의 위치에 서게 됩니다. 그런데 해고한 직원 중 일부가 자신의 지위를 이용하여 선수들에게 갑질을 한 정황을 파악하게 됐어요. 큰 사고를 친 것은 아니지만, 제 기준에서 묵인할 수 없는 일이기에 내보낼 수밖에 없었죠. 사람과의 관계에서 진정성과 존중은 반드시 지켜야 할 덕목이라고 생각합니다. 그 상대가 누구더라도 말이죠.

—
어릴 적 제자들이 성인이 되어 무료로 팀닥터를 봐주고 있다.

작은 나눔

저는 누군가에게 부탁을 하지 않습니다.

제가 도움을 주는 입장이어도 나중에 돌려받을 것을 생각하고 행동하지 않아요. 짧지 않은 시간 동안 격투기에 매달려 일을 하다보니 사회적으로 높은 자리에 계신 분들과도 알게 되었는데, 그런 분들에게 부탁을 한 적이 딱 두 번 있습니다.

원주에서 체육관 사범으로 있을 때였어요. 관원 중 한 명이 갑자기 뇌출혈로 쓰러져 급히 병원으로 이송하게 됐죠. 당시 우리 관원은 잘 아는 병원 관계자가 있어서 수술을 받고 생명을 구했는데, 비슷한 시간 응급실에 도착했던 어떤 환자는 수술을 받지 못해 사망하고 말았습니다.

누군지 모르지만 인맥이 없어 죽어야 했던 사람…. 그 모습을 지켜보고 있으니 참 서글프더군요. 우리 형이 죽을 때도 빨리 치료를 받지 못했기 때문에, 그 일이 떠올라 더 슬펐던 것 같아요. 그날 저는 잘 아는 형님에게 전화를 했습니다. 평소 제게 "너는 도대체 원하는 게 뭐니?"라며 입버릇처럼 묻던 형님이었는데, 사회적 지위가 높은 분이었죠. 그 형님에게 전화를 걸어 부탁을 했어요. 언제라도 제가 아는 누군가가 위급하게 서울의 대형 병원을 찾게 되면 빨리 치료를 받을 수 있게 좀 해달라고.

그게 저의 첫 부탁이었습니다.

또, 한번은 주말을 맞아 제자들과 함께 단체로 헌혈을 하기로 했던 때였어요. 운동선수들이 단체로 헌혈을 하려고 하니 차를 보내달라고 관계 기관으로 전화를 했습니다. 그런데 주말이라서 안 된다고 하더군요…. 주말이라 직원들에게 미안해서 인원을 보낼 수가 없다고요.

참 황당하고 화가 났어요. 그래서 높은 자리에 계신 지인에게 연락을 해 상황을 설명했죠. 그랬더니 잠시 후 불가능하다던 관계 기관으로부터 바로 전화가 오더군요. 우리는 그날 고맙게도(?) 예정대로 헌혈을 할 수 있었습니다.

앞으로 저는 돈도 인맥도 없는 제 주변 사람들, 그리고 우리 사회의 힘없는 이들에게 미약하나마 제 인맥을 나누며 살고 싶습니다.

로드FC 선수들과 함께한 헌혈 행사

실망과 착각

본업이 격투기 선수가 아닌 연예인 파이터들이 경기뿐만 아니라 경기 외적으로도 종합격투기와 로드FC 단체에 무한한 애정을 보여준 것과 달리, 뼛속까지 종합격투기 선수임에도 너무나 실망스러운 모습을 보여준 이들로 인해 큰 상처를 받는 일이 종종 있었습니다. 로드FC 대회가 계속 이어지면서 단체의 몸집을 불리고, 팬들에게 더욱 멋진 경기를 선물하기 위해 빅네임 선수들을 하나둘 영입하던 시절, 팬들이 생각하는 이미지와 전혀 다른 선수들이 몇몇 있었어요.

과거 한국에서 활동하다가 메이저 단체로 이적, 최상위권의 실력을 보여준 한 선수는 이미지와 달리 무척이나 거만했습니

—
가끔 상처받은 지난 시간이 떠오르면, 쉽게 지워지지 않는 기억에 쓴맛을 달랜다.

다. 단체의 룰을 잘 지키려 하지 않았고, 심판의 판정도 받아들이지 않았죠. 자신은 톱스타라는 프라이드가 곳곳에서 묻어났어요. 그 선수의 행동에 격투기 변방 국가의 설움까지 느꼈을 정도였습니다.

국내에서 오랜 기간 활동하며 격투기 팬들의 많은 사랑을 받던 한 선수가 해외의 유명 강자와 대결을 앞두고 있던 때였습니다. 외국인 선수가 훈련 중 다리에 부상을 입었다는 소식을 전해왔어요. 소식을 듣고 대회사에서는 경기를 취소시키려 했습니다. 하지만 본인의 출전 의지가 워낙 강했고, 빅네임과 경기를 갖게 된 국내 선수의 기회를 일방적으로 빼앗을 수 없어 협의 끝에 정상적으로 경기를 진행하기로 결정했습니다.

사실 많은 대전료를 주고 데려오는 선수가 부상을 안고 싸운다는 것은 단체 입장에서 반가운 일이 아닙니다. 정상적인 경기력을 보이지 못한다는 것을 알면서도 고액의 대전료를 지불해야 하기 때문이죠. 하지만 이왕 경기를 하게 되었으니 모두에게 언더독이라 평가받는 국내 선수가 멋지게 승리하길 바랐어요.

그리고 경기 당일.

다리 부상을 숨긴 채 케이지에 오른 외국인 선수는 너무나 불리한 상황이었습니다. 공격 옵션을 90% 봉인하고 싸우는 거나 마찬가지였어요. 복서 출신도 아닌데 펀치만으로 경기를 풀어가야 한다면 자신의 리듬대로 공격을 할 수가 없기 때문이죠. 그러나 기우였어요. 전문가들의 예측과 달리 박빙의 흐름이 이어졌지만, 결과는 외국인 선수의 승리였습니다.

대회를 마친 바로 다음 날, 경기에서 패배한 국내 선수가 찾아왔습니다. 내심 무슨 격려의 말을 해줄까 고민하는데, 그 선수가 대뜸 그러더군요.

"대표님, 저 좀 잘하지 않았습니까?"

"저는 심판 판정 그런 거에 불만 없습니다. 일각에서는 제가 이겼다고도 하는데, 남자답게 패배를 인정합니다."

"저 이제 UFC로 가고 싶습니다. 이 정도면 잘하지 않습니까?"

예상치 못한 말에 뭐라 대답을 해야 할지 모를 정도였어요.

"제 계약 기간이 6개월 남았으니, 계약 기간은 채우고 가겠습니다."

그 말을 듣고 저는 그 선수에게 말했습니다.

"계약은 그냥 지금 풀어줄게."

그리고 그날 그 선수의 남은 계약 기간을 지워줬죠.

한번은 부산에서 로드FC 대회를 개최한 적이 있었습니다. 부산 연고의 유명 팀에 소속된 선수 경기를 메인이벤트로 결정하고 대회를 준비했어요. 언론에 발표를 하고, 대회장을 대관하고, 포스터와 인쇄물이 만들어졌죠. 그런데 갑자기 소속 팀 관장이 찾아와 오늘 UFC에서 선수 계약 메일이 왔으니 보내달라고 하더군요. 그래서 다른 말 없이 그러라고 했습니다. 솔직히 너무 어이가 없고 기가 막혀서 말을 섞고 싶지 않았어요. 그날 계약 메일을 받았다는 것은 수개월 동안 UFC와 접촉을 했다는 뜻이었죠. 로드FC가 선수들과 출전 계약을 하고 대진을 완성하는 등 몇 달에 걸쳐 대회를 준비하는 동안에도 말입니다. 이미 언론에 대진을 발표한 상태라 로드FC 부산 대회에서는 메인이벤트가 빠진 채 대회를 치를 수밖에 없었고, 결국 역대 로드FC 대회 중 유일하게 흥행 실패를 맛봐야 했습니다.

―
생각이 많아질 때마다 제주도의 서귀포를 찾는다.

　　대회를 치르다보면 몸이 정말 힘들고 지칩니다. 그럼에도 불구하고 어떻게든 국내 선수들이 빛날 수 있도록 인지도를 높여주고, 성장시켜주려는 것이 우리의 진심인데, 제가 너무 많은 기대를 하는 건가 싶어 참 씁쓸했던 일들이었습니다.

불공정

다른 메이저 대회사의 중계 판권을 가진 어느 회사에서 로드FC를 심하게 견제한 일이 있었습니다. 우리가 이룬 성과를 폄훼하고, 거대 포털 사이트에서 로드FC 관련 기사가 거의 노출되지 않도록 만들었죠. 정말 화가 났어요. 해외에서는 로드FC가 좋은 평가를 받는데, 국내에서는 오히려 무시당하고 비난을 받는 상황…. 물론 부족한 부분도 많지만, 격투 불모지인 대한민국에서 종합격투기의 부흥을 위해 열심히 노력한 사람들에게 도움의 손길은커녕 물밑에서 훼방을 놓고 있으니 참으로 기가 찰 노릇이었죠.

이후부터는 신화뉴스, CCTV, 야후 같은 해외의 거대 언론하고만 인터뷰를 했습니다. 해외 언론과 인터뷰를 할 때는 우리

중국 CCTV와의 인터뷰 장면

를 견제하는 업체가 어디인지 밝혔고, 이유를 설명했죠. 해외 언론 기사를 통해 지속적으로 문제를 제기하자 그쪽에서 화해의 메시지를 보내왔어요. 지금은 모든 것이 정상화되었지만, 몇 년 동안 우리는 마음고생을 해야 했습니다.

대한민국이라는 나라의 시장 규모가 그리 크지 않기 때문에 국내 스포츠 리그의 수준이 세계에서 최고가 되기는 정말 어려운 일입니다. 하지만 경기력이 조금 부족하다고, 미비한 부분이 있다고 해서 국내 리그를 배척하면 우리는 언제까지나 최고의 스포츠 리그를 가질 수 없습니다. 훨씬 먼저 시작했기에 더 완성되어 보이는 외국 단체에만 열광하면, 그 단체가 작은 시장 규모에 매력을 못 느끼고 언젠가 국내에서 철수할 경우 우리는 또다시 암흑기를 맞게 될 것입니다. 어쩌면 다시 빛을 볼 수 없는 암흑기가 될지도 몰라요. 로드FC는 그런 상황을 피하기 위해서 정말 많은 노력을 기울이고 있습니다.

야구, 축구, 농구, 배구 같은 스포츠의 경우 정부의 지원을 받아 초중고부터 체계적으로 성장하는 시스템을 갖추고 있지만, 종합격투기는 그런 시스템을 갖추기 위한 지원이 전무합니다. 그래서 로드FC는 성장 시스템을 직접 완성했어요. WFSO가 주최하는 유소년 종합격투기 리그, 아마추어 리그인 로드FC 센트럴리그, 재능 있는 신인 선수들을 위한 대회인 로드FC 영건즈, 그리고 로드FC 넘버 시리즈까지 막대한 비용을 투자하며 수많은 대회를 개최하고 있죠. 지금은 비록 미비한 부분이 있더라도 머지않아 우리가 뿌린 씨앗들이 결실을 맺는 날이 올 것이라고 믿습니다.

우리를 싫어하는 사람들에게 우리를 좋아해달라고, 우리의 노력을 알아달라고 칭얼거리고 싶지는 않습니다. 그동안 어떤 부당한 공격과 비난에도 우리는 우리의 길을 꿋꿋이 개척해왔으니까요. 그저 사실을 사실대로 보도해주고, 정정당당하게 경쟁할 기회만 주어진다면 우리는 그걸로 충분히 만족합니다.

결별

과거 대기업 방송국 사장실에서 미팅을 가졌을 때의 일입니다. 당시 그 방송국에서는 로드FC 중계권과 UFC 중계권을 모두 가지고 있었는데, 제게 로드FC 선수를 UFC로 공급하는 것이 어떻겠냐고 묻더군요. UFC는 아무래도 격투기계의 메이저리그와 같은 느낌이니 스타성 있는 선수를 UFC로 진출시키면 로드FC도 UFC의 인지도를 활용할 수 있고, 방송국의 시청률 역시 올라갈 것이라는 얘기였죠.

언뜻 생각하면 모두에게 좋은 일인 것 같기도 합니다. 그러나 조금만 더 생각해보면 그건 동의하기 어려운 일이라는 것을 금세 깨닫게 됩니다. 우리가 열심히 선수들을 발굴하고 성장시켜서 최고의 자리에 오른 선수를 UFC로 보내면, 국내 리그에는 계속 2인자, 3인자들만 남게 될 겁니다. 남은 선수들이 더 성장해서 떠나간 선수들의 빈자리를 대신한다고 해도 그들 역시 UFC로 진출하게 될 테고, 결국 자국 리그는 마치 2군 리그와 같은 평가를 받게 되겠죠. 좋은 선수들이 멋진 경기만 펼쳐도 저평가받는 것이 현실인데, 챔피언급 선수들이 다 빠져나가면 과연 어떤 말을 듣게 될까요? 또, 가서 성공하면 다행이지만, 새로운 환경에 적응하지 못하고 한두 경기 패배한 채 복귀하면, 돌아와서 잘해도 문제 못해도 문제예요. 그래서 그런 제 마음을 솔직하게 털어놓으며, 우리 로드FC를 세계 최고의 단체로 만들고 싶으니 도와달라고 말했습니다.

하지만 방송국 측의 생각은 다르다고 하더군요.
그리고 이듬해 우리는 그 방송국에서 퇴출 통보를 받았습니다. 이유인즉슨 격투 스포츠 콘텐츠는 수익성이 없어 로드FC든 UFC든 더 이상 중계를 하지 않겠다는 게 회사 방침으로 정해졌다는 것이었어요. 뭐 그런 이유보다는 제 이야기가 항명으로 들렸을지도 모르겠습니다.

해외에 나갔을 때 대기업인 파트너사의 간판을 만나면 가슴이 뿌듯해지고, 우리도 국가대표라는 생각으로 열심히 하는데, 왜 자국 리그를 메이저로 키워주지 않으려 하는지 이해할 수가 없었어요. 그래서 나는 퇴출에 동의할 수 없으니, 돈이 문제라면 우리는 앞으로 1년간 콘텐츠를 무상으로 제공하겠다고 제안했습니다. 5년 동안 파트너로서 함께했던 정이 있었기에 가능한 제안이었죠. 결국 UFC는 1년 먼저 그 방송국과 결별했고, 우리는 약속대로 1년간 무상으로 콘텐츠를 제공했습니다. 이후 우리는 다른 방송국과 계약을 했고, 묵묵히 우리가 해야 할 일들을 해나갔습니다.

혼자서 모닥불을 피우고 생각에 잠기는 시간이 좋다.

비난과 모함의 시작

    같은 업계에 있으면서 저를 싫어하는 사람들이 있습니다. 어쩌면 제가 알고 있는 것보다 더 많을지도 몰라요. 그중 가장 대표적인 사람들이 로드FC가 자신을 외면했다고 생각하면서 원망의 화살을 제게 돌린 사람들입니다. 로드FC가 공공기업이 아닌 이상 제가 업계의 모든 사람을 다 챙길 수는 없는 노릇이고, 우리와 함께하고 싶었다면 자신들이 노력을 해볼 수도 있는 건데, 세력을 만들어 저와 단체를 공격하는 방향으로 초점을 맞춘 사람들이죠. 지금도 로드FC 기사에 달리는 비난과 비아냥의 댓글 중 상당수는 우리를 싫어하는 세력들의 모함이란 걸 알고 있습니다.

로드FC 초창기에 운동과 관련한 식품을 판매하는 한 회사에서 저를 찾아왔습니다. 그 회사는 이미 이름만 대면 알 만한 격투기 단체에 월 3백만 원씩의 지원을 하고 있다며, 저희에게도 한 달에 5백만 원씩 지원을 해주고 싶다고 하더군요. 대회사를 운영하던 초기였기에 로드FC에는 도움이 될 테고 그래서 정말 고마운 마음이 들었지만, 격투기 산업이 워낙 미래를 장담할 수 없는 분야여서 그 회사가 우리를 지원하는 만큼의 성과를 올리지 못할 가능성이 높아 정중히 거절을 했어요. 사실 우리야 그 회사의 목적이 무엇이든 지원을 받아버리면 그만이에요. 하지만 우리를 돕겠다고 찾아온 사람에게 당장의 이익만 생각해서 무책임한 결정을 내릴 수는 없었기에 진심의 말을 건넸던 거죠.

그런데 그 일이 있고 몇 시간 지나지 않아, 저를 찾아온 회사가 기존에 지원을 하고 있다는 단체의 대표에게서 연락이 왔습니다. 다짜고짜 제게 왜 남의 스폰서를 빼앗아가려고 하냐며 화를 내는 거예요. 저는 그 단체의 대표와 긴 얘기를 하고 싶지 않아서 저를 찾아왔던 회사에 자초지종을 직접 물어보라고 했습니다.

그때 그 일을 계기로 그들은 원한을 가지고 저와 로드FC에 비난과 비아냥을 일삼았어요. 처음에는 로드FC를 희화화하고, 단체의 이미지를 깎아내리는 것에 무척 화가 나 항의를 해보기도 했지만, 시간이 지날수록 정도는 점점 더 심해졌습니다.

또, 한번은 모 격투기 언론 매체에서 기사를 빌미로 금전을 요구한 일이 있었어요. 당시 저는 아무것도 모르던 풋내기 시절이라 광고비 명목으로 매달 수백만 원씩을 보내줬죠. 돈을 주지 않으면 그 언론사는 못된 짓을 할 게 참 많았거든요. 시간이 흘러 다른 회사가 그 언론사를 인수했는데, 매니지먼트 사업을 하며 우리 선수를 빼앗아갔고, 저와 로드FC를 망가뜨리려는 시도를 하기도 했습니다.

그런 일들을 겪으면서 저는 한동안 무척 힘든 시간을 보내야 했으나, 이제는 더 이상 신경 쓰지 않고 있습니다. 사실이 아닌 것을 사실인 것처럼 주장하고, 비난을 위한 비난을 하는 것에 제 감정을 소모하고 싶지 않거든요. 이 산업의 성장을 위해 제가 해야 할 일이 너무나 많기에 그런 사소한 일에까지 에너지를 낭비할 수는 없기 때문입니다. 또, 그렇게 해서라도 그들이 이 업계에 작은 보탬이 될 수 있다면, 그냥 그걸로 됐다고 생각하고 있습니다.

배신

많은 사람을 만나보니, 누군가를 처음 대할 때 경계심을 가지는 유형이 있고, 신뢰를 바탕으로 대하는 유형이 있더군요. 저는 명확하게 후자에 속합니다. 아니, 과거에는 그랬었죠.

저는 사람을 믿으면 모든 것을 맡기는 스타일입니다. 제가 운영하는 체육관이 몇 군데 있는데, 지금까지 그 체육관들의 통장 거래 내역을 본 일이 없어요. 다른 사업으로 바빠서 체육관을 제자들에게 맡겨뒀으니 통장을 볼 필요가 없는 거죠. 수익이 있으면 통장에 들어있을 테고, 운영비가 부족하면 연락이 오겠거니 생각합니다. 그런데 격투기 대회사를 운영하는 동안 워낙 자주 배신을 겪으며 이제는 누굴 만나도 배신의 가능성을 염두에 둡니다. 이런 감정의 변화는 아마 제 마음이 받은 충격에 대한 방어기제에서 비롯된 것 같아요.

한번은 제가 무척 믿었던 직원에게 큰 상처를 받은 적이 있습니다. 10년 가까이 함께 일하는 동안 도리에 어긋나는 행동을 하는 선수와 관계자들을 보며 저보다 더 분노하고, 누구보다 정직한 모습을 보였던 친구가 지속적으로 공금을 횡령했던 거예요. 선수들과 계약을 하는 과정에서 선수에게 지불해야 할 파이트머니를 몇 년에 걸쳐 착복해왔더군요. 그 일을 처음 알게 됐을 때는 정말 아무 말도 할 수가 없었습니다.

사안이 너무 심각했기 때문에 눈감아줄 수 있는 일은 아니었고, 회사 차원에서 몇 건에 대해서만 문제를 삼았습니다. 그런데 그 직원이 회사의 대응에 원망의 말을 하고 다닌다는 얘기가 들려왔어요. 물론 자신도 살아야 하니 변명과 변호를 할 수밖에 없었을 거라고 생각했습니다. 그런 마음도 이해해요. 하지만 여기저기서 제게 이야기를 전해올 정도로까지 말을 하고 다녔다는 것이 마음 아팠어요.

사실 그 친구의 부정을 모두 문제 삼았으면, 그 친구는 아마 견디지 못하고 무너졌을 겁니다. 회사에서는 그동안의 연을 생각해 나름 배려를 해준 것인데, 어쩌면 그 친구는 자신의 행동이 그저 실수였을 뿐, 있을 수 있는 일이라고 생각했던 것 같아요. 그래서 더 쓴맛이 남았던 사건으로 기억됩니다.

그동안 이런 일들을 수없이 겪으면서 증거를 준비하는 게 습관화되었습니다. 우리나라는 증거가 없으면 억울한 일이 벌어지기 때문에 항상 기록을 남겨두었지만, 막상 분쟁이 벌어져도 그 증거물들을 공개하지는 않았어요. 나이가 들어보니 '얼마나 살고 싶었으면, 얼마나 욕심이 났으면 저렇게 할까…, 나도 저렇게 했을지 모르겠구나…' 하고 이해하게 되더라고요. 그런 생각이 들자 특별한 경우가 아니라면 저나 회사가 손해를 보더라도 자료를 공개하지 않습니다. 단, 그렇다고 우리가 할 말이 없어서, 우리가 잘못했기 때문에 가만히 있는 거라고 착각하지 않았으면 좋겠습니다. 대부분은 무던하게 넘어가려고 하지만, 상대가 선을 넘는 행동을 할 경우 언제든 우리가 가진 모든 것을 공개할 수 있고, 그렇게 되면 우리의 결백을 입증하기 위해서 최선을 다해 대응하게 될 테니까요.

이제는 누가 아무리 날카로운 것으로 저를 찔러도 별 감각이 없습니다. 아프지 않고, 무덤덤해요. 누가 제 뒤통수를 세게 쳐도 그러려니 합니다.

'어차피 너도 그럴 줄 알았어.'

이 한마디로 구멍 난 마음을 메우곤 하죠.

―
새벽녘 조깅을 할 때 만난 밤하늘은 유난히 어둡게 느껴졌다.

| STORY 4 |

성공으로 가는 길

스포츠 비즈니스

로드FC 대회가 자리를 잡으면서 타 단체로부터 많은 제안들이 있었습니다. 입식 경기와 종합 경기를 한 대회에서 진행하자는 제안, 소속 선수 파견에 대한 제안, 공동 개최에 대한 제안 등 그 형태도 참 다양했죠.
하지만 모두 거절했습니다. 좋은 기획, 감사한 제안들이지만 각각의 종목이 자신의 위치에서 전문성을 갖춘 후 충분히 성장한 다음에 협력과 교류를 해야 의미가 있는 것이라고 생각해요.

과거 PRIDE와 K-1이 연말에 '다이너마이트'라는 합동 이벤트를 개최했을 때 팬들은 열광했습니다. 당시 PRIDE는 세계 종합격투기를, K-1은 세계 입식 격투기를 이끄는 단체였어요. 두 단체는 1년 동안 충실히 각자의 리그를 치를 수 있을 만큼 안정적이었고, 각각의 팬층도 두터웠기 때문에 시너지 효과가 있었던 겁니다.
우리도 그런 환경이 되면 고려해볼 수 있는 문제예요. 설익은 상황에서 이슈만을 노리고 섣불리 진행했다가는 모처럼 활성화되고 있는 국내 종합격투기 시장에 찬물을 끼얹을 수도 있습니다.

만약 K리그에서 로드FC에 소림축구를 제안한다면 수락할지도 모릅니다. 단체 간 협력을 통해 이벤트를 개최한다는 건 새로운 볼거리를 제공하여 이슈를 만들겠다는 의도인데, 그러기 위해서는 두 단체의 규모나 가치가 비슷해야 합니다. 꼭 실력이 최고여야 하는 것은 아니에요. 결국 스포츠도 비즈니스를 떠나 생각할 수 없는 거니까요.

뜻밖의 제안

장충체육관에서 로드FC 대회가 열리던 어느 날 중국의 한 투자자가 대회장을 찾아왔습니다. 멀리 중국에서 일부러 왔다고 하니, 차를 한잔 마시며 이야기를 나누었죠. 대뜸 제게 왜 이런 대회를 여는지 묻더군요. 그래서 그간의 대회 개최 과정과 현재 상황 등을 설명해주고, 한국의 격투 브랜드를 세계 1위로 만들고 싶다고 말했습니다. 척박한 환경에서 어렵게 실력 있는 선수를 키워내면 아무런 문제의식 없이 선수를 빼가는 해외 단체의 부도덕한 행태, 그러한 거대 단체로부터 선수를 지키기 위해 우리가 할 수 있는 일들, 늘 부족한 자금 등 여러 가지 이야기를 나누었죠.

그 투자자는 조용히 이야기를 듣고는 다음 날 다시 한 번 미팅을 갖자고 요청해왔습니다. 다음 날, 그리고 그 다음 날도 우리는 다시 만나 더 많은 이야기를 주고받았습니다. 마지막 날 그 투자자가 그러더군요.

"결정했습니다. 제가 로드FC를 세계 최고의 격투 브랜드로 만들어드릴게요."

그 얘기를 듣고는 이게 무슨 뚱딴지같은 소리인가 싶었어요. 그런데 그 투자자는 진지하게 말을 이어갔습니다. 미국의 단체를 넘어서기 위해서는 중국 진출이 필수라며, 한국의 전문성 있는 스포츠 콘텐츠와 중국의 자본이 만나면 충분히 세계 최고가 될 수 있다고 역설했죠. 그러면서 중국에 베이스캠프를 마련할 테니 자기에게 지분의 상당수를 달라는 겁니다.

지금의 로드FC 브랜드로 성장시키기까지 많은 손해가 있었기에 아무런 대가도 없이, 모르는 사람을 믿고, 상당수의 지분을 넘겨준다는 것은 쉬운 결정이 아니었습니다. 하지만 대화를 통해 신뢰감을 가진 저는 더 이상 말하지 않고 제안을 받아들였어요.

이후 그 파트너는 중국으로 돌아가 곧바로 법인 회사를 설립했고, 현지 기업으로부터 200억 원의 투자금을 받아 로드FC 중국 회사 가치를 순식간에 몇 천억 원 올려놓았습니다.

중국 북경 싼리툰에 위치한 로드FC 멀티 스페이스 오픈식

비즈니스에서 대체 불가한 것

처음으로 직원들과 중국을 방문했을 때였어요.

중국 현지 직원 20여 명을 만났는데, 마치 왕처럼 대우해주더군요. 한국에서 어렵게 시작해 단체를 이만큼 성장시킨 것에 대해 진심으로 인정하고, 존중해주는 것을 느낄 수 있었죠. 솔직히 예상과는 달리 무척 순박한 인상을 받았습니다.

그들이 워낙 자세를 낮추고 우리를 대해서 그런지 처음에는 한국 직원들이 중국 직원들을 다그치고, 다소 무시하는 언행을 보이곤 했어요. 솔직히 말해서 조명이라든지 음향 시설, 각종 장비들은 중국 제품이 더 좋습니다. 우리가 '중국산 제품'이라는 단어에 부정적인 인식을 갖지만, 최소한 조명 장치만큼은 생각을 바꿔도 좋을 것 같아요. 그런데 중국 직원들이 최신 장비를 추천해도 한국 직원들은 기존에 사용했던 것만 고집하며 소리를 질러대니 그들에게는 이해할 수 없는 모습이었을 겁니다.

그렇게 시간이 1~2년 흘러 대회 개최 시스템이 이식되고 나서부터는 전세가 역전됐습니다. 올림픽을 비롯하여 세계적인 이벤트를 다수 유치해온 나라답게 금세 국내 대회 이상의 퍼포먼스를 보여주기 시작했어요. 그러자 기세등등했던 한국 직원들이 주눅 드는 모습을 보이더군요. 오히려 중국 직원들이 큰소리를 치는 일이 잦아졌죠. 하지만 그러면서도 로드FC라는 브랜드를 만들어내고, 단체를 이끌어온 저에게만큼은 예우를 갖추었습니다.

다양한 국가와 비즈니스를 하면서 새삼 느낀 것은 사람, 인재의 중요성입니다. 언제부터인가 우리나라에서 해외로 문화 콘텐츠를 많이 수출하고 있지만, 독특한 포맷, 기발한 아이디어, 훌륭한 음악 등은 모방과 리메이크에 의해 가치가 훼손될 수 있어요. 하지만 창조자의 브레인, 원곡 아티스트의 감성은 무엇으로도 대체할 수가 없죠. 그래서 사람이 중요하다는 것을 절실히 깨달았습니다.

로드 멀티 스페이스

2018년 4월 20일, 중국 북경의 싼리툰에 로드 멀티 스페이스를 오픈했어요. MMA뿐만 아니라 피트니스, 요가, 스피닝 등 다양한 운동을 체계적으로 배울 수 있는 공간인데, 라운지 바도 있어 마치 클럽에 온 것 같은 기분이 들죠. 사실 오픈 준비는 진작에 끝났지만, 당시 사드 배치로 인한 한국과 중국 간의 갈등으로 1년 반 동안이나 오픈을 미뤄야 했습니다.

기다린 시간에 대한 보상인지, 오픈하는 날부터 반응이 무척 뜨거웠어요. 바이두 핫이슈 검색 2위에 로드 멀티 스페이스 관련 소식이 오르기도 했고, 큰 이슈로 이어지자 중국의 대표 방송 CCTV에서 관련 소식을 전할 정도였죠. 로드 멀티 스페이스는 로드FC가 본격적으로 중국 활동을 하기 위한 베이스캠프였습니다.

중국 로드FC 라운지 바에서 북경대, 청화대 등 9개 명문 대학의 '로드격투학' 과목 채택이 발표됐다.

기적과 같은 일

중국에서 CCTV의 위상은 정말 어마어마합니다.

14억 명의 인구가 시청하는 CCTV는 시진핑 국가주석이 직접 관리하는 방송이라고 해도 과언이 아니에요. 중국을 대표하는 국영방송 CCTV에서 한국의 스포츠 경기가, 그것도 프라임 타임에 생중계된다는 것은 사실 불가능한 일입니다. 하지만 이례적으로 로드FC 정규 대회를 CCTV에서 황금 시간대인 저녁 8시에 생중계했고, 이후에도 대회를 열 때마다 동시간대 시청률은 로드FC 대회가 늘 1위였습니다. 정말 엄청난 사건이었죠.

몇 년에 걸쳐 CCTV에서 중계를 했으니 로드FC는 중국인들에게 매우 깊숙이 스며들었고, 중국 스포츠 업계에서 큰 존재감을 보여주었다고 할 수 있습니다.

UFC의 경우 중국에서 CCTV 중계는 엄두도 내지 못하고 있으며, 인터넷 방송을 하는 상황입니다. 오죽하면 언젠가는 UFC가 중국 내 우리 시설에서 기자회견을 하고 싶다고 대관 요청을 해온 적도 있었어요.

만약 로드FC가 한국 단체가 아니었다면 한국에서 이렇게 박한 평가를 받지는 않았을 거라고 생각합니다. 미국이라는 초강대국에 기반을 둔 단체 못지않은 경쟁력을 갖추기 위해 우리는 정말 많은 노력을 기울이고 있고, 그 성과로 중국의 대표적인 전자제품 회사 '샤오미', 그리고 인터넷 보안 업체 '치후360'과 메인스폰서 계약을 체결하는 등 결과도 만들어내고 있습니다. 누구보다도 자국에서 좀 더 따뜻한 시선으로 응원을 해주었으면 좋겠어요.

로드FC 대회장에서 김대환 전 대표와 함께

우여곡절

중국에서 대회를 열 때는 케이지 포함 장비들을 모두 배에 실어 가져갑니다. 중국에서도 준비할 수 있지만, 한 치의 오차도 없이 완벽한 진행을 위해서는 직접 가져가는 게 안전하거든요. 중국 대회는 생각보다 걸림돌이 굉장히 많습니다. 우선 비자 발급부터 쉽지가 않아요. 국교 수립이 안 된 나라들도 많고, 특히 외국 선수 중 범죄 전력이 있거나 하면 입국이 거의 불가능합니다. 비자 문제 때문에 대진이 취소되는 일이 빈번하죠.

상해의 2만 석 규모 경기장에서 로드FC 027 대회를 개최할 때였어요. 국내에서 많은 기자들이 동행했는데, 대회 전부터 음식이 맞지 않아 배탈 난 사람이 여럿 발생한 일도 있었습니다.

중국 후난성 창사의 후난국제전시센터에서 개최된 로드FC 032 대회장

 또, 훈련장 답사를 하려면 문 하나 통과할 때마다 돈을 요구합니다. 조명을 켤 때도, 대기실을 보고 싶을 때도 돈을 줘야 했죠. 그런 부분은 정말 이해가 되지 않았어요.
 그뿐만이 아니에요. 대회 당일 제가 경기장에 들어가려고 하니 공안들이 출입을 막고 들여보내주지 않더군요. 제가 로드FC 대표라고 말을 했지만, 증명을 하라는 겁니다. 참 당황스러웠죠. 결국 중국 포털 사이트에 올라와있는 인터뷰 기사와 사진을 보여주고 나서야 입장할 수 있었어요.

중국 비즈니스 1

중국에서 대회를 치러보니 세계 1위 단체가 되겠다는 강력한 의지가 없다면, 정말 참기 어려운 일들이 너무나 많이 발생하더군요. 어쩌면 그런 이유들로 인해 서양 단체가 아시아 시장에서 성공한다는 것은 거의 불가능한 일인지도 모릅니다. 혹자는 그런 말을 합니다. 중국에서 비즈니스를 하는 것이 과연 장밋빛 미래를 설계할 수 있는 일인지…. 우리도 아직 장담할 수는 없지만, 중국과 중국인들을 얼마나 이해하냐에 따라 그 결과는 달라질 것이라고 생각해요.

한국으로 돈을 벌기 위해 찾아오는 동남아 사람들에게 우리는 어떤가요? 우리의 문화를 이해하려 하고, 서로 상생하겠다는 생각을 가진 사람들은 우리도 진정한 비즈니스 파트너로 대하

로드FC 중국 주주, 중국민생투자 대표, 중국예술공사 사장과 함께

지만, 오로지 자신들의 이익을 위해 돈만을 좇는 사람들은 좋은 시선으로 바라보지 않죠. 중국에서도 마찬가지입니다. 돈을 벌면 현지에서 소비도 하고, 투자도 해서 서로 도움이 되는 관계를 만들어가야 합니다.

또, 정치와 경제는 분리해서 생각해야 하는 것이 맞으나, 정치적인 문제에 대한 영향도 받게 될 거예요. 그럴 때 그들의 생각을 이해하고, 한발 양보한다면 우리도 원하는 결과를 얻을 수 있을 거라 믿습니다.

최근 한국에서 가장 큰 사회 문제 중 하나인 미세먼지도 그래요. 외교적으로 해법을 잘만 찾으면 오히려 한국에서는 불가능할 해결책이라도 하루아침에 가능할 수 있는 나라가 중국입니다. 일본인들의 비즈니스는 매우 철두철미합니다. 빈틈이 없어요. 예측할 수 있는 리스크를 과하다 싶을 정도로 지우고 나서야 다음 단계로 넘어갑니다. 그러니까 세계에서 일본의 국가 브랜드가 높은 평가를 받는 것이죠. 그에 비하면 중국인들의 비즈니스는 허술하기 짝이 없어 보입니다. 하지만 도저히 안 될 것 같은 것도 되는 곳이 중국이에요. 얼렁뚱땅 말도 안 되게 이루어지죠.

한번은 북경에서 무척 재미있는 일을 겪었어요. 북경에 싼리툰이라는 지역이 있습니다. 클럽, 바, 노천카페 같은 것들이 즐비하여 처음 봤을 때 엄청 지저분하다는 생각이 드는 곳이었어요. 그런데 다음 달에 다시 가보니 지저분한 가게들은 싹 없어지고, 아예 벽을 세워 가려버렸더군요. 알고보니 트럼프 미국 대통령의 중국 방문 때문에 이뤄진 조치였죠. 우리나라 같으면 정부와 상인 간 충돌로 난리가 났을 텐데, 중국에서는 그게 가능한 일이었습니다. 그뿐만 아니라 트럼프 대통령 방문 기간 화석 연료 사용을 금지시켜 하루아침에 맑고 쾌청한 하늘을 만들어놨어요. 미국이 중국에 대해 가지고 있는 선입견을 바꾸고 싶었겠죠. 그런 모습을 보면서 '중국은 자국의 이익에 부합한다면 정말 무슨 일이든 하는 나라구나'라는 생각이 들었습니다.

중국 북경대의 '로드격투학' 과목 채택과 관련하여 북경대 교수와 인터뷰를 진행하고 있다.

결국 국가와 국가의 관계, 사람과 사람의 관계가 중국 비즈니스 성공의 중요한 키가 될 거라고 생각합니다.

중국 비즈니스 2

중국에서의 비즈니스는 한국과 많이 다릅니다.

우리는 어릴 때부터 교육을 통해 약속의 중요성을 깊이 새기며 자라잖아요. 그런데 중국 사람들은 좀 달랐어요. 예를 들어 돈을 빌려도 언제까지 갚겠다는 개념이 아니라 '어차피 갚을 텐데 내가 좀 더 가지고 있으면 어때?'라는 생각을 하더군요. 돈을 빌려준 입장에서는 정말 어처구니없는 생각이죠. 우리나라 사람이라면 무척 우유부단하다거나 사기꾼 취급을 받을 거에요. 하지만 중국에서는 그게 자연스럽더라고요. 이런 마인드 때문에 중국에서 비즈니스를 하려면 여유 자금을 3배 정도 가지고 있어야 한다는 걸 배웠죠. 빠듯하게 시작했다가는 낭패를 보기 십상입니다.

또, 식사를 하면 다 먹지 못할 만큼 엄청나게 많은 음식을 주문하고, 참석한 인원이 각각 따라주는 술을 모두 마셔야 하는 분위기 등 우리와는 문화가 다르다는 것을 실감할 수 있었어요.

중국예술공사 사장이 한국을 방문한 날

한국과 중국은 애증의 관계를 반복합니다. 때로는 국내 사정이 원인이 되기도 하지만, 열강들과의 정치, 경제, 외교 등 관계를 고려하다보면 갈등을 피할 수 없는 경우가 많죠. 또, 중국 사람들과 이야기를 해보면 한국 사람들이 왜 그렇게 중국을 무시하는지 아쉬워하더군요. 처음에는 단순히 안타까워하는 마음이었지만, 점차 반한 감정으로 옮겨가는 것이 느껴졌어요.

여러 가지 이유가 쌓이자 중국에서 한류 문화에 대한 규제를 하기 시작했죠. 로드FC도 영향을 받았습니다. 중국 진출이 본격화되면서 CCTV뿐만 아니라 중국의 2위 채널인 후난위성TV와도 손을 잡고 대회를 개최하는 등 세를 확장했지만, 나중에는 한류 문화 규제의 여파로 문신 노출을 금지해 몸에 문신을 한 선수들이 전부 긴 옷을 입고 경기를 해야 했어요. 그나마 다행이었던 건 중국은 격투 문화에 대한 뿌리가 깊어 다른 분야보다 비교적 관대한 편이어서 더 큰 규제로 이어지진 않았다는 것이죠.

정치와 스포츠는 별개이고, 현장에서 함께 땀을 흘리는 실무자들끼리는 아무런 문제가 없지만, 한국과 중국 사이에 균열이 생길 때면 대규모 프로모션을 하며 대회를 개최하기가 어려워져요. 물론 대회 자체를 열지 못하게 한다거나 그런 조치가 있는 건 아니에요. 그러나 한중 관계가 좋지 않을 때는 작은 대회들을 개최하면서 때를 기다리는 방법밖에 없습니다.

중국의 잠재력

중국의 종합격투기 선수 중에서 가장 유명한 인물을 꼽으라면 누구나 아오르꺼러를 떠올릴 겁니다. 아오르꺼러는 중국의 실전 무술인 '산타' 선수였어요. 스무 살도 안 된 나이에 데뷔해서 '베이징 익스프레스' 같은 방송을 통해 인지도를 높였고, 중국 내에서 전국적인 스타로 발돋움했습니다. UFC의 그 어떤 선수도 중국에서만큼은 아오르꺼러의 인지도를 따라오지 못할 거예요.

아시아의 종합격투기 시장은 한중일이 핵심이라고 할 수 있습니다. 그런데 활동하는 선수들을 보면 중국 출신 선수의 비중이 매우 작아요. 엄청난 인구수를 감안했을 때 다소 이해가 되지 않는다고 말하는 사람들이 많습니다. 그럴 때는 야구, 축구를 생

중국 격투계의 슈퍼스타 아오르꺼러

각해보면 답이 나올 거예요. 하드웨어만 놓고보면 대성할 만한 자질을 갖춘 선수들이 무척 많습니다. 특유의 호전적인 성향 덕분에 근성, 투지는 최고이지만, 기술적인 부분에서 프로 수준으로 올라오기까지는 아직 더 많은 시간이 필요합니다. 종합격투기는 말 그대로 모든 격투 스포츠를 통합한 형태이기 때문에 어느 정도 수준에 오르기까지 생각보다 많은 노력과 시간이 걸릴 수밖에 없습니다. 그래서 상대적으로 종합격투기 역사가 짧은 중국이 세계적인 선수를 배출하려면 시간이 더 필요한 것이죠.

일본 선수들은 기술의 세부적인 부분까지 연구하는 스타일이고, 중국 선수들은 한방으로 끝낼 수 있는 큰 기술을 선호한다는 차이가 있어요. 한국 선수들의 경우 두 가지를 모두 가지려는 욕심이 있죠. 각국 선수의 이런 성향들은 성장 속도와 완성도에 많은 영향을 미치고 있습니다.

중국에서는 종합격투기를 무예로 바라보지 싸움으로 생각하지 않아요. 산타, 쿵후를 베이스로 하는 자신들의 무예가 종합격투기에 매우 근접해있다고 평가하죠. 그래서 로드FC가 처음 진출했을 때도 대부분의 사람들은 거부감을 가지지 않았습니다.

중국 선수들의 스타일은 산타를 바탕으로 내몽골 쪽의 씨름이 접목된 경우가 많아서 상대를 넘기는 기술이 좋고, 테이크 다

운에 대한 방어도 훌륭해요. 산타는 독특한 리듬이 있기 때문에 타격에서도 큰 장점을 가지고 있죠. 결국 기술적인 완성도를 높이고, 실전 경험을 축적하면 MMA에서 순식간에 두각을 나타낼 잠재력을 보유한 선수들이 바로 중국 선수들입니다.

PRIDE 전성기 시절에는 실력과 상품성을 고루 갖춘 선수들이 끊임없이 등장했습니다. 당시에는 팬들이 열광할 만한 캐릭터들이 넘쳐났죠. 프로스포츠 흥행의 요소들로 가득했어요. 개인적으로 스타성 높은 선수들이 중국에서도 많이 배출됐으면 좋겠어요.

아오르꺼러와 야쿠자 파이터 김재훈의 대결은 중국에 로드FC를 알린 계기가 되었다.

일본 대회 그리고 일본의 격투 문화

로드FC의 첫 해외 무대는 일본이었습니다.

2015년 7월 25일 도쿄의 아리아케 콜로세움에서 로드FC 024 대회가 개최되었죠. 당시 일본의 격투기 시장은 완전히 무너진 상황이었어요. K-1, PRIDE 같은 메이저 대회들이 모두 사라진 상태였고, DEEP이나 PANCRASE 같은 중소 단체들도 유명무실한 시기였죠. 그래서 로드FC가 일본 대회 개최를 발표했을 때 한국, 일본 양국에서 무모한 도전이라는 우려의 기사가 쏟아졌습니다.

그럼에도 불구하고 일본 대회를 강행한 이유는 우리의 목표가 분명했기 때문입니다. 첫째는 로드FC의 글로벌화였고, 둘째는 일본의 격투기가 다시 부활할 수 있도록 돕고 싶었습니다.

일본 대회는 제가 로드FC를 시작한 이상 언젠가 반드시 해야 할 숙제 같은 일이었어요. 어쩌면 선수로서 이루지 못했던 것이 가슴속 깊은 곳에 미련으로 남아있었던 것 같기도 합니다.

그런데 한마디로 말하자면 일본에서의 이벤트는 기대와 실망이 교차했던 대회였습니다. 일본에서 운동도 오래 했고, 지인도 많아 대회를 계획할 때부터 여기저기서 응원의 메시지를 많이 받았어요. 일본에 거주하고 있는 한국인들을 포함하여 여러 단체들이 먼저 연락을 취해와서는 큰 힘을 줄 것처럼 말했죠. 그러나 실제로 큰 도움이 되어주진 못했습니다. 흔히 외국에 나가면 자국 사람들을 조심하라는 말들을 하는데, 그 말을 증명이라도 하듯 공짜로 티켓 달라는 사람만 잔뜩이더군요.

물론 그들에게 의지를 할 생각은 전혀 없었습니다. 일본 대회에서 적자를 면하기 어렵다는 것도 이미 예상한 일이었죠. 그러나 준비 과정에서부터 워낙 기대감을 높이기에 어느 정도의 역할은 해줄 것으로 생각했는데, 결국 모든 것이 립서비스였다는 것을 알고 나니 섭섭한 감정은 감출 수가 없더군요.

원래 일본에서 대회를 하면 비용이 많이 듭니다. 한국에서 대회를 열 때보다 3배는 더 많이 들죠. 선수와 스태프들에게 들어가는 경비도 그렇지만, 현지 준비 과정에서도 많은 비용이 투입됩니다. 일본은 하나의 대회를 준비하고 진행하는 시스템이 매우 세분화되어있고, 체계적이어서 그 과정을 지켜보고 있으

일본 도쿄 아리아케 콜로세움에서 열린 로드FC 024 대회장

면 감탄사가 절로 나올 정도예요. 만족도가 매우 높은 만큼 비용도 많이 소요될 수밖에 없는 것이죠.

비록 금전적인 면에서는 손해가 컸지만, 일본 대회는 우리에게 큰 의미가 있었습니다. 도쿄에서 로드FC 대회가 열리던 날 과거 PRIDE를 이끌었던 사카키바라 노부유키 대표와 DEEP, PANCRASE 대표가 모두 경기장을 찾아왔어요. 일본에서 로드FC 대회를 개최해줘서 정말 고맙다는 인사를 전해왔고, 그날 이후 일본에서도 다시 격투기 시장이 꿈틀거렸죠. 그리고 얼마 지나지 않아 PRIDE의 사카키바라 노부유키 대표가 한국과 중국에서 열린 로드FC 대회장까지 찾아와 새로운 격투기 대회를 계획하고 있으니 많이 도와달라는 요청을 했습니다. 그 대회가 바로 일본의 격투 시장을 다시 세운 '라이진(RIZIN)'입니다.

저는 일본의 격투기 관계자, 그리고 그들의 문화를 좋아합니다. 그들에게는 의리가 있어요. 선수들을 비즈니스를 위한 소모품 정도로 취급하는 요즘 단체들하고는 결이 다릅니다. 일본에는 노장이든 신인이든 실력이 다소 부족한 선수든 모든 선수를 존중하는 문화가 있어요. 자신들의 대회에서 열심히 뛰어준 선수들을 결코 잊지 않으며, 성대한 은퇴식을 열어주고, 함께 눈물을 흘리는 그런 인간적인 부분들이 참 보기 좋습니다. 그러니 해외의 유명 강자들도 일본에서 활동하고 싶어하고, 대회사와 팬들을 위해 헌신하는 거죠.

전 PRIDE 대표이자 현 RIZIN 대표인 절친 사카키바라 노부유키

인간적이고, 감동적인 격투기 대회. 로드FC에도 그런 일본의 격투 문화가 녹아있습니다. 어떤 이들은 그런 모습을 보고 소위 '어그로'를 끈다며 폄훼하는데, 그것이 어그로인지는 진정성 여부에 따라 달리 평가해야 되겠죠. 아무튼 그래서 우리는 RIZIN, DEEP, PANCRASE 등 일본의 단체, 관계자들과 지금도 좋은 관계를 유지하고 있습니다.

일본 대회는 로드FC가 해외 진출을 본격화하는 계기를 마련한 대회였고, 목표한 것들을 모두 이룰 수 있어 무척 성공적인 도전이었다고 생각합니다.

일본의 낭만 파이터

일본에는 실력과 마인드가 훌륭한 선수들이 많습니다. 로드 FC에서 경기를 한 오야마 슌고, 후지타 카즈유키, 미노와맨, 사사키 신지 같은 선수들만 봐도 격투기를 대하는 자세가 남다른 것을 알 수 있어요. 계약을 성실히 이행하는 것은 기본이고, 상대에 대한 예의, 팬들을 위한 쇼맨십, 자신을 키워준 업계에 은혜를 갚기 위한 헌신 등 내막을 알고 나면 절로 고개가 숙여지는 선수들이 일본 선수들입니다. 그들은 야비하지 않고, 명분을 중시하며, 단 한 명도 대회사와 트러블을 일으킨 적이 없을 정도로 완벽했습니다. 심지어 대회가 끝난 후 그들이 사용한 라커룸을 찾아가보면 하나의 휴지 조각도 떨어져있지 않은 깨끗한 모습을 볼 수 있습니다. 자기가 입었던 티셔츠로 바닥의 물까지 싹

일본 종합격투기의 레전드 후지타 카즈유키 선수와 중국의 신성 아오르꺼러

싹 닦고 떠나는 게 일본 선수들의 마인드죠.

격투기에서 레전드로 평가받는 선수들이 자신은 이제 지는 해라는 것을 인정하고, 후배들을 위해 기꺼이 경기를 수락합니다. 지금까지 이루어놓은 것들에 도움이 되지 않는, 격이 맞지 않거나 명분이 없는 매치는 띌 필요가 없음에도 새로운 별들을 위해서 최선을 다해 경기에 임하죠. 아무리 맞아도 포기하지 않고, 승패와 상관없이 끝까지 열정을 불사릅니다.

저는 그런 낭만을 가진 선수들이 좋아요.

언젠가 한 국내 선수가 일본의 레전드 선수와의 경기에서 승리한 후 과도한 세리머니를 보인 적이 있습니다. 물론 스포츠 경기에서 승리의 기쁨을 만끽하고, 팬들에게 자신의 강함을 어필하는 제스처는 분명 필수적인 요소입니다. 그런데 저는 그날 그 모습이 조금 불편했어요. 세리머니를 하는 것은 좋지만, 패배한 상대를 비참하게 하는 건 좋지 않다고 생각하거든요. 경기 전에는 상대를 도발하기도 하고, 감정을 격하게 만들어 경기력을 끌어올리는 것이 충분히 이해되지만, 경기가 끝나면 상대에 대한 존중을 잊지 말아야 합니다. 승리한 선수라면 더욱 마음을 써주어야 하죠. 자신도 언젠가는 패자가 된다는 걸 알아야 해요. 일본에도 인성이 좋지 않은 선수들이 종종 보입니다. 그러나 대체로 상대에 대한 배려와 존중이 바탕에 자리하고 있어요.

한번은 PRIDE, K-1, 스트라이크 포스, UFC 등 여러 단체에서 활동하며 챔피언 자리에 오른 알리스타 오브레임과 이야기를 나눈 적이 있습니다. 오브레임이 일본에서 활동할 때였는데, 오브레임은 당시 슈퍼스타였던 미르코 크로캅과의 시합을 위해 버스로 이동하는 중이었고, 제가 우연히 옆자리에 앉게 되었어요. 저는 우리나라 선수의 세컨을 보기 위해 경기장으로 이동하던 중이어서 차분한 마음으로 자리에 앉아있었는데, 오브레임을 힐끗 쳐다보니 사시나무 떨듯 떨고 있더군요. 호텔에서 경기장까지 1시간여 걸리는 거리를 이동하는 내내 마음의 안정을 찾지 못하더라고요.

옆에서 지켜보기가 안쓰러워 오브레임에게 응원의 말을 해주었습니다. 크로캅이 훌륭한 선수이긴 하지만, 반드시 네가 이길 거라고 말했죠. 당시 오브레임은 육체 개조를 통해 강력함을 과시하던 시기였습니다. 반면 크로캅은 UFC와 계약했다가 몇 번의 충격적인 패배를 당한 후 일본으로 돌아온 상황이어서 멘털이 온전치 않았을 때였어요. 오브레임은 상대의 목을 잡고 안면에 니킥을 적중시켜 KO를 노리는 전략을 자주 썼는데, 신장이 크고 타격 센스가 좋아 전략대로 경기를 끝내는 경우가 여러 차례 있었습니다. 크로캅에게도 충분히 통할 수 있을 거라고 생각했죠. 그래서 분명히 네가 승리할 것이니 겁먹지 말고 하던 대로 싸우라고 말해주었어요.

서로 이런저런 얘기를 나누는 동안 경기장에 도착했고, 오브레임의 경기가 시작되었습니다. 많은 사람들의 예상과 달리 그날 오브레임은 크로캅을 일방적으로 몰아붙였어요. 준비한 작전대로 니킥을 적중시키며 상당한 데미지를 가해 승리에 가까워지고 있었는데, 크로캅이 오브레임의 니킥에 낭심을 맞았다며 고통을 호소했고, 경기는 중단되어 무효 처리되었습니다. 그러나 그 경기에서 오브레임은 엄청난 자신감을 얻었죠. 이후 승승장구하며 여러 단체의 챔피언에 올랐습니다. 이제는 오래된 일이지만, 일본에서 활동하던 선수들에 대한 이야기를 하다 보니 그 기억이 문득 떠오르네요.

격투기 팬들에게 숱한 추억을 선물해준 과거 일본의 격투기 단체와 선수들. 우리는 그 시절 일본에서 활동하던 격투기 선수들을 '낭만 파이터'라고 부릅니다. 우리 선수들이 그때의 문화와 정신을 많이 보고 배웠으면 좋겠어요.

— 한일 격투기 레전드들의 맞대결로 팬들에게 많은 감동을 선사한 최무배와 후지타 카즈유키

| STORY 5 |

인연의 무게

○

인생은 실전

인생은 실전입니다.

그런데 정말 열심히 훈련을 하고, 연습 때는 자신의 실력을 100% 발휘하다가도 실전에서는 실력의 절반도 보여주지 못하는 선수들이 있어요. 지켜보고 있으면 안쓰러운 마음이 들죠. 대부분은 경험의 문제예요. 연습을 통해서는 겪을 수 없는 수많은 관중, 강한 조명, 환호와 열기 같은 요소들로 인해 집중하지 못하고 실력을 제대로 발휘하지 못하는 거죠.

그럴 때는 경험 많은 지도자의 역할이 중요합니다. 물론 지도자들도 자신이 경험했다고 해서 경기 외적인 요소들을 선수에게 온전히 전하기는 쉽지 않습니다. 자신들도 여러 번 몸으로 겪으면서 체득한 것을 말로 가르쳐준다는 게 어려운 일인 것이죠. 훌륭한 조력자가 있어 큰 도움을 받을 수 있는 사람이라면 정말 다행이지만, 대부분은 그렇지 못한 것이 사실입니다.

비단 격투기에서뿐만이 아니라 일반인들도 마찬가지입니다. 결국 연습과

실전에서의 차이를 극복하는 것은 스스로의 몫이죠. 자신이 거치게 될 동선, 해당 공간의 분위기, 관객들의 시선 등 실전에서 발생할 상황에 대한 시뮬레이션을 구체적으로 해보고, 기세를 잃지 않는 것이 매우 중요합니다. 그곳에서 벌어질 일에 집중해야 하며, 집중력이 깨지지 않도록 몰입해야 합니다. 어느 정도의 경험이 쌓일 때까지는 어차피 아무것도 기억나지 않을 거예요. 그러니 마음을 편하게 가지고, 준비한 것을 다 보여주고 내려오겠다는 것만 생각하도록 하세요.

긴장을 하지 않는 것이 가장 좋겠지만, 그렇지 못하다면 긴장했다는 것을 노출하지 않도록 포커페이스를 유지하는 것도 매우 중요합니다. 보통 긴장한 사람들은 눈을 통해 알아챌 수 있는데, 다른 사람이 자신의 감정 상태를 쉽게 알아볼 수 없도록 눈을 너무 크게 뜨지 말고, 마음이 편안해지는 곳을 응시하여 심리 상태를 드러내지 않으면서 긴장을 낮추는 것도 좋은 방법입니다.

선수와 대회사

솔직히 우리나라에서 격투기 단체를 운영한다는 것은 정말 어려운 일입니다. 인기 스포츠인 야구, 축구, 농구, 배구조차도 구단 운영비를 줄이기 위해 안간힘을 쓰고 있는 상황인데, 어느 누가 격투기 단체에 지원을 하고 싶겠어요. 온전히 사비를 털어 억지로 끌고 가지만, 내막을 들여다보면 로드FC는 정말 말도 안 되는 조직이라고 해도 과언이 아니에요.

그렇게 어려운 상황에서도 선수들을 관리하는 일만큼은 직접 챙기려 합니다. 특히 선수들의 캐릭터를 설정하고, 그에 맞춰 마케팅을 하는 것은 어떤 것보다 중요한 일이라고 생각해서 내려놓지 못하고 있어요. 그래도 작은 조직이 아닌데, 단체의 대표가 선수 하나하나 직접 관여한다는 것이 외부에서 볼 때는 이해

—
로드FC는 선수들이 성장하는 걸 지켜보는 것에서 존재의 의미를 찾는다.

할 수 없을지 모르지만, 내 안에 들어온 선수만큼은 애정을 가지고 보듬어주는 것이 제가 해야 할 일이라고 생각합니다.

그럼에도 불구하고 선수와 대회사의 관계, 그 끝은 대체로 좋지 않습니다. 선수의 기량이 무르익어 최고의 경기력을 발휘하게 되면 스타가 됩니다. 그러나 영원한 것은 없죠. 선수마다 노력과 재능에 따라 최고의 자리에 군림하는 기간이 다르지만, 시간이 흘러 부상이나 노쇠화가 찾아오면 누구라도 정상에서 내려오기 마련입니다. 영광의 자리는 새로운 스타가 대신하게 되고, 노장은 서서히 빛을 잃어가죠. 그런 시기가 되면 선수들은 대회사에 서운한 감정을 느낍니다. 아니, 지금 챔피언의 자리에 있지 않은 선수라면 누구라도 조금씩은 대회사를 원망하고 있을 거예요. 아직 챔피언이 되지 못한 선수들은 자신에게 그런 기회가 오지 않는 것에 대해, 또 정상의 자리를 빼앗긴 선수들은 노쇠화와 기량 하락을 인정하지 못해 불만을 가지는 경우가 많습니다. 결국 비난의 화살은 대회사로 향할 수밖에 없는 것이죠.

어떤 선수들은 다른 단체로 이적을 원합니다. 그럴 때면 이유 여하를 막론하고 쿨하게 보내줘요. 정당하지 않은 이적 요구라 해도 최대한 선수를 배려해서 언론에 보도자료를 보내죠. 그렇게 떠난 선수들은 새로운 단체에서 다시 부활하는 사례도 있지만, 시간이 지나면 같은 상황이 반복됩니다. 다시 돌아오고 싶어하는 경우가 다반사예요. 그러면 또 우리는 조건 없이 받아줍니다. 선수들의 마음을 충분히 이해하거든요.

우리는 선수들을 어릴 때부터 육성합니다. 대한체육회나 국가로부터 지원금을 받는 것이 아니기 때문에 적자를 보면서도 단체를 운영하려면 동기부여가 있어야 하는데, 우리는 선수들이 어릴 때부터 함께 웃고 울고 하며 점차 성장해나가는 걸 지켜보는 것에서 그 의미를 찾습니다.

회사에 신입 사원이 들어오면 첫 번째 미션이 영건즈 선수들을 인터뷰하는 일이에요. 인터뷰도 기사도 디테일을 살리도록 주문하죠. 영건즈 선수들은 아직 주목받지 못하기 때문에 인터뷰 한 번, 기사 하나가 소중합니다. 신입 직원에게 적응 시간을 주기 위한 의도도 있지만, 그렇게 선수들을 바닥부터 차근차근 올려주는 거예요. 정말 자식 키우듯이 키웁니다.

어쩌면 그런 시간을 거치기에 선수들의 원망을 감내하고, 떠나간 선수들을 다시 받아주는 건지도 모르겠어요. 때때로 선을 넘는 선수들 때문에 속앓이를 하는 일도 종종 있지만, 적어도 한국에서는 피할 수 없는 대회사의 숙명이라고 생각합니다.

선수와 대회사가 애증의 관계를 반복하는 것은 숙명과도 같다.

물거품이 된 선의

로드FC 일본 대회에서 최홍만 선수의 복귀전을 치르기 위해 준비하고 있을 때였습니다. 난데없이 최홍만 선수가 범죄에 연루된 거예요. 도쿄TV 생중계가 예정되어 있었는데, 방송국 측에서 최홍만 선수 문제로 중계를 취소해야 할 것 같다는 소식을 전해왔어요. 당시 최홍만 선수는 큰돈을 빌린 후 갚지 않아 사기 혐의로 피소된 상태였고, 일본은 범죄에 특히 민감한 나라이기에 발생한 일이었죠.

예상치 못한 상황이었으나 지켜볼 수만은 없어서 제가 대신 빚을 갚아주겠다고 일본 언론에 인터뷰를 하고 나서야 TV 생중계 건이 재개되었습니다. 타고난 운동선수 출신이니까 주변의 어수선한 상황들을 정리해주고 운동에만 전념하도록 하면 멋지게 부활할 수 있을 거라 믿었어요. 많은 사람들이 최홍만 선수는 말단비대증 수술 후 파이터로서의 강력함이 사라졌다고 말하는데, 운동만 열심히 하면 압도적인 키와 리치만으로도 충분히 경쟁력 있는 것이 사실이었습니다. 기대에 부응이라도 하듯 이후 최홍만 선수는 중국 출신의 스타로 급부상한 아오르꺼러에게 KO승을 거두며 중국 전역에서 주목받기 시작했습니다. 거대한 하드웨어와 재능을 가진 선수이기 때문에 우리는 14억 중국 시장에서 최홍만 선수를 앞세워 공격적인 마케팅을 펼치려고 했어요.

그런데 세상일이, 모든 사람이 제 마음 같지는 않더군요.

최홍만 선수는 우리와 상의도 없이 중국에서 개최하는 입식 대회 출전 계약을 했고 경기를 뛰었지만, 자신보다 40cm 이상 작은 상대에게 판정패를 당하며 파이터로서의 명성에 치명상을 입었습니다. 그 경기 계약 소식을 듣고 저는 최홍만 선수에게 반대 의사를 강하게 전달했으나 결국 뜻을 꺾지는 못했어요. 그때 많은 것을 느꼈습니다. 내가 아무리 선의를 가지고 도움을 주려 해도 상대에게 진정성이 없으면 아무 소용없다는 것을 말입니다. 철저한 준비를 거쳐 차근차근 단계를 밟고 올라가 최홍만 제2의 전성기를 열어주고 싶었어요. 재기하기에 불가능한 나이도 아니었고, 독보적인 하드웨어를 갖춘 선수였기에 충분히 가능한 계획이었죠.

하지만 모든 게 물거품이 되어버렸습니다. 최홍만 선수는 로드FC의 경우 종합격투기 대회이고, 자신이 출전할 경기는 입식 대회이니 문제될 것이 없다는 주장을 했으나, 당시 로드FC 중국 법인에서는 최홍만 선수를 사기로 고소하겠다며 매우 분개했어요. 최홍만 선수는 중국 법인과 계약이 되어있었거든요. 스타를 만들어가는 과정에서 어떠한 이유로 선수가 배신을 하게 되면, 대회사는 큰 손해를 입게 됩니다. 중국 법인 입장에서는 아오르꺼러가 쓰러진 이후 흥행 카드로 활용하려 했던 최홍만의 어이없는 일탈로 인해 준비하던 것들이 모두 무산되었으니 화가 날 만도 하죠.

    물론 최홍만 선수 입장도 이해는 합니다. 또, 법적으로 따졌으면 아무 문제가 없는 일이었을 수도 있어요. 그러나 그 사건을 통해 우리는 큰 상처를 받았고, 로드FC와 최홍만 선수의 인연은 그렇게 끝이 났습니다.

중국의 스타 아오르꺼러를 상대로 승리를 거둔 최홍만

세 번의 인내

　권아솔 선수는 제가 체육관 관장일 때 우리 선수들을 대회에 출전시키면서 몇 번 봤어요. 이후 로드FC를 시작한 후 정식으로 계약을 했고, 남의철 선수와 매치를 확정했습니다. 그런데 경기를 며칠 앞두고 갑자기 권아솔 선수가 훈련 중 손을 다쳐 시합을 할 수 없다는 겁니다. 그래서 우리 지정 병원에서 검사를 받고 치료도 하라고 했죠. 그런데 검사를 했더니 아무 이상이 없다는 거예요. 의사는 이상이 없다고 하는데, 권아솔 선수는 계속해서 통증을 호소하기에 진통제를 맞아보면 어떠냐고 했습니다. 그러자 무슨 대회사에서 선수에게 마약을 권하냐며 펄쩍 뛰더군요. 그래서 마약이 아니라 계속 아프다고 하니 의사의 처방을 받아 진통제를 소량 주사해보는 게 어떠냐는 말이라고 차근

차근 설명했습니다. 그랬는데도 로드FC에서 아프다는 선수에게 마약을 권하고, 강제로 경기에 밀어넣으려 한다며 내용증명을 보내왔어요. 황당했지만 선수가 아프다고 하고, 말을 이상한 방향으로 왜곡하니 더 이상 방법이 없었습니다. 남의철 선수와의 대진을 취소해야 했죠.

그런데 며칠 후 어이없는 상황이 발생했어요.
해외 신생 격투 단체인 'ONE FC'의 1회 대회 메인이벤트에 권아솔 선수가 출전한다는 포스터가 떡하니 공개된 거예요. 포스터를 보고는 참 어처구니가 없어서 권아솔 선수에게 전화를 했습니다. 당연히 안 받더라고요. 그래서 대회 당일 싱가포르로 날아갔죠.
대회사의 대표를 만나 반갑게 인사를 나누고는 권아솔 선수와 로드FC의 계약서를 보여줬습니다. 그러자 아연실색을 하더군요. 자신은 전혀 몰랐다며, 티켓도 매진된 상황에서 1회 대회부터 메인이벤트가 취소되면 단체가 망할 수도 있으니 제발 경기를 치를 수 있게 해달라고 부탁에 부탁을 하는 겁니다. 마침 저 뒤쪽 로비에서 소속 체육관 관장과 함께 권아솔 선수가 나타났는데, 부상이라며 로드FC 시합은 취소한 선수가 어떻게 이렇게 먼 싱가포르까지 날아와 대회에 출전하겠다는 건지 분노보다 한심하다는 생각이 들었습니다. 우리는 피해를 입었지만, 남

이광희 선수와의 3차전에서 승리한 권아솔

의 잔치에까지 재를 뿌릴 수 없어서 경기를 허락했어요. 결과는 판정패였으나 열심히 하는 모습을 보니 감정은 많이 수그러들었습니다. 사실 권아솔 선수가 이긴 경기 같아 그 와중에도 판정 결과에 화가 나더군요.

이후 한국으로 돌아와서 권아솔 선수를 만났습니다. 이번 일은 없었던 것으로 할 테니 앞으로 로드FC에서 열심히 하는 모습을 보여달라고 말했죠. 그렇게 사건이 훈훈하게 마무리되었다고 생각했는데, 얼마 지나지 않아 권아솔 선수가 입대를 해버렸어요. 참 기가 찼습니다.

 실망도 잠시. 시간은 빠르게 흘렀고, 어느새 권아솔 선수가 제대를 했어요. 오랜 시간을 기다려 이제 막 계약서를 쓰려고 하는 순간, 권아솔 선수가 솔직한 자기 마음을 이야기하더군요. 제 이미지가 사기꾼, 양아치 같아서 믿음이 안 간다는 거예요. 뭐라 할 말이 없어 "내가 앞으로 잘할게"라고 말하며 크게 웃었습니다. 그렇게 우여곡절을 겪고 나서야 계약을 하게 됐죠.

 권아솔 선수는 머리가 좋고, 격투기 재능, 끼, 불의에 타협하지 않는 정의감도 있어서 앞으로 큰 인물이 될 수 있다는 생각을 항상 했습니다. 이후에는 스승과 제자로 연이 닿아 운동도 함께하고, 서로 많은 생각을 주고받는 관계가 되었죠.

 권아솔 선수에게는 하기 싫은 매치만 잡아줬어요.
 자기가 패배할 가능성이 높아 꺼려지는 상대와의 매치, 그 관문을 넘어서야 한 단계 성장할 수 있기 때문입니다. 자신에게 두 차례 KO패를 선사한 이광희 선수와의 3차전도 그중 하나였죠. 이광희 선수와의 매치가 확정된 직후 권아솔 선수에게 심경이 어떠냐고 물었더니 솔직히 두렵다고 하더군요. 자기가 아무리 때려도 피를 흘리며 밀고 들어오는 이광희 선수가 눈에 선하다는 겁니다. 그래서 이광희 선수에 대한 두려움이 생길 때마다 머리를 박으라고 시켰어요. 정신을 집중해 공포감을 이겨내라는 의미였죠. 그랬더니 시도 때도 없이 머리를 박기 시작했습니다. 나중에는 경기 시작 전 링에 올라가서도 머리를 박더군요.

비록 깔끔한 마무리는 아니었지만, 권아솔과 이광희의 3차전은 권아솔의 승리로 끝났고, 이후에도 권아솔 선수는 자신의 실력으로 이길 수 없을 것 같은 선수들을 몇 명 더 쓰러뜨렸습니다.

그리고 나서 '100만 달러 토너먼트' 일명 '로드 투 아솔(ROAD TO A-SOL)'이 시작되었습니다. 이벤트가 진행되는 내내 왜 끝판왕이 권아솔인지, 권아솔이 과연 그만큼의 실력이 되는지 등 참 많은 비난을 받았죠. 그러나 비난도 관심의 하나였고, 세계의 시선이 격투기 변방 대한민국으로 향하는 계기가 되었어요. 덕분에 권아솔 선수를 포함하여 참가 선수들은 자신의 인지도를 크게 높일 수 있었습니다. 물론 흥행으로 가는 과정에서 악역을 맡으며 수많은 악플에 시달려야 했지만, 멘털의 흔들림 없이 끝까지 잘 견뎌낼 수 있었던 것은 권아솔 선수였기에 가능한 일이었다고 생각합니다.

한국 격투기 역사상 최고의 라이벌로 평가받는 권아솔 VS 이광희 경기 포스터

꺾여버린 날개

윤준이는 수철이와 마찬가지로 처음부터 강하게 키운 선수였어요. 일부러 최무겸, 이길우처럼 이기기 어려운 상대와 매치를 잡아줬는데, 모두 극복해내더군요. 의지도 좋고, 마인드도 좋아 기대가 컸습니다. 갑자기 뇌경색이라는 병이 찾아와 잠시 멈추었지만, 언젠가 다시 돌아올 거라고 믿고 있어요.

윤준이가 쓰러졌을 때 급히 병원으로 찾아갔더니, 이제 운동을 하지 못할까봐 걱정이라며 울먹이던 모습이 눈에 선합니다. 그때 윤준이와 약속을 했어요. 완쾌하면, 강한 의지만 있다면 꼭 복귀시켜 주겠다고 말이죠. 시간이 흐르는 동안 윤준이 역시 열심히 재활을 했으나, 한쪽 눈과 귀의 감각은 돌아오지 않았어요. 정식 경기를 뛸 수 있는 몸 상태가 아니었습니다.

갑작스러운 뇌경색으로 은퇴하여 떠올리면 마음이 아픈 제자, 로드FC 전 밴텀급 챔피언 이윤준

선수가 시합을 뛰지 못하니 생계를 걱정해야 하는 상황이었죠. 차라리 잘나가는 녀석이 배신을 하고 둥지를 떠나는 게 낫지, 갑작스러운 병 때문에 날개가 꺾인 제자를 외면하지는 못하겠더군요. 그래서 굽네치킨 홍경호 회장님에게 윤준이를 직원으로 채용해줄 수 있는지 물었습니다. 고맙게도 홍경호 회장님은 흔쾌히 윤준이를 받아주었죠. 부족한 생활비는 코치로 일하며 메꾸도록 했고, 복귀를 위한 재활과 훈련에도 소홀하지 않았어요.

본인이 의지를 가지고 복귀를 포기하지 않으니 희망을 주고 싶었습니다. 그래서 일본의 그래플링 강자와 2×2 태그매치 시합을 기획했어요. 당시 은퇴를 선언한 수철이와 윤준이가 함께할 수 있는 경기였죠. 경기가 확정되자 그들은 정말 어린아이처럼 좋아했습니다. 어쩌면 그들에게 승패는 중요하지 않았을 겁니다. 둘은 케이지에 올라갈 때부터 환한 미소를 감추지 못했어요. 그 모습을 보며 제 마음은 말로 표현할 수 없을 만큼 기뻤고, 한참 동안이나 흐르는 눈물을 닦아야 했습니다.

현실적으로 윤준이가 선수로 복귀하는 것은 점점 불가능해지고 있습니다. 본인은 절대 포기하지 않으며 준비를 하고 있지만, 병원에서도 그리고 부모님도 복귀를 허락하기는 어려운 일이라는 것을 아마 본인도 알고 있을 거예요.

언더독의 반란

수철이는 고등학생 때 처음 만났습니다. 체육관을 찾아왔을 때 첫인상은 나무젓가락 같은 몸에 초라한 몰골, 돋보기안경까지 써서 말 그대로 나쁜 애들에게 괴롭힘당하기 딱 좋게 생긴 그런 학생이었어요. 그런데 잠깐 이야기를 나눠보니 중학교 때 복싱과 태권도를 배웠다며 자기가 무척 강하다고 생각하는 것 같았습니다. 외모와 어울리지 않게 건들건들하더군요. 그래서 그날 바로 스파링을 통해 '너는 강하지 않으니까 겸손하라'는 메시지를 전해주었죠.

그렇게 수철이와의 인연은 조금 이상하게 시작되었어요.

수철이가 고등학생이던 시절 일본으로 시합을 가게 됐습니다. 오사카에 작은 단체가 있는데, 그 단체의 챔피언 방어전에 소위 말하는 '떡밥'으로 수철이를 점찍은 거예요. 당시 한국에는 뛸 수 있는 시합이 거의 없었던 시기라 떡밥인 줄 알면서도 오퍼를 수락했습니다. 규모가 크지 않았지만, 그래도 한 단체의 챔피언과 데뷔전을 갖는 선수의 경기는 누가 봐도 미스 매치였죠. 그때 수철이는 아무런 경력도 없는, 프로 선수라고 부르기도 민망한 수준이었기 때문에 데뷔전, 그리고 경험을 쌓는 것에 의의를 두고 시합을 준비했습니다. 오죽했으면 상대에게 맞아서 아프거나 너무 무서우면 그냥 울면서 싸워도 괜찮다고 말해줬어요.

챔피언은 그라운드 기술에 강점을 가진 선수였는데, 막상 경기에 들어가니 수철이가 챔피언을 암바로 이겨버렸습니다. 말도 안 되는 일이 벌어진 거죠. 졸지에 최연소 해외 단체 챔피언이 된 거예요.

그때부터 외국의 여러 단체를 떠돌며 시합을 뛰었습니다. 동냥젖을 먹이듯 데리고 다니며 경력을 쌓아주었어요. 수철이가 워낙 열심히 운동을 하니까 저도 무언가 책임감을 가지고 성장할 수 있게 돕고 싶었죠. 하지만 그러면서도 마음 한편에는 선입견이 지워지지 않았습니다. 시합을 하면 곧잘 이기는데도 승자에게서 느껴지는 포스가 전혀 없었어요. 경기장 밖으로 나오면 동네 오락실이나 만화방에서 언제든 만날 수 있을 것 같은

권아솔, 김수철 선수가 챔피언이던 시절에도 체육관 청소를 하고 있다.

그런 학생의 모습 그 자체였으니까요. 그만큼 외형적으로는 약점이 많았죠. 어쩌면 그 당시 제가 선수를 알아보는 눈이 없었던 건지도 모르겠습니다.

수철이는 신체 조건이 나쁘고, 운동 신경도 좋지 않습니다. 그런데 24시간 격투기 생각만 하고, 격투기 영상만 찾아보고 그랬어요. 저도 모르는 해외 아주 작은 단체 선수의 실력까지 줄줄이 꿰고 있을 정도였죠. 그런 모습을 지켜보며 수철이를 선수로 바라보기 시작했고, 수철이가 가진 것들을 극대화시켜줄 파이팅 스타일을 디자인했습니다.

다행히 저와 한 체급밖에 차이가 나지 않아 많은 스파링을 통해 실력을 쌓아갈 수 있었죠. 타격은 아주 잘 가르쳐줄 자신이 있었고, 그라운드 기술도 기본 정도는 충분히 알려줄 수 있었습니다. 초기에는 스파링을 하면 한 체급 위인 제가 항상 이겼어요. 그런데 어느 순간부터는 수철이의 그라운드 기술에 밀려 지는 횟수가 늘기 시작했습니다. 곧 힘과 기술에서 저를 압도했고, 실력을 인정하기까지 오랜 시간이 걸리지 않았죠.

지금 수철이의 몸은 마치 철갑 같아요. 그런 모습을 보며 노력이 얼마나 큰 힘을 가지고 있는지 새삼 느꼈습니다. 그렇게 나약하던 아이를 동체급에서 더 이상 적수가 없는 강한 격투기 선수로 바꿔버렸으니까요. 깨지고, 부서져가면서 완성이 되도록 만들기 위해 벅찬 상대와만 경기를 가졌는데, 나중에는 상대를 구하기가 너무 힘들었어요. 많은 선수들이 수철이와의 경기를 피했거든요.

수철이는 어릴 때부터 제가 가진 모든 것을 주입시킨 선수입니다. 로드FC가 만들어지고 성장해가는 과정을 지켜봤기에 자신이 뛸 수 있는 한 경기 한 경기가 얼마나 소중한지 잘 알고 있죠. 수철이는 스스로 제 아바타가 되기를 원했어요. 경기 전 제가 피니시 기술을 주문하면, 반드시 그렇게 경기를 마무리 짓기 위해 최선을 다했죠. 의도치 않게 다른 기술로 경기를 끝내거나 판정으로 이기게 되면 승리 후에도 기뻐하지 않았습니다.

어느새 선수들은 수철이를 최고의 선수로 인정하고 있었어요. 누구와 스파링을 해도 압도적이었지만, 거만하지 않고 겸손했죠. 그래서 나이가 많든 적든 수철이를 따르는 선수들이 많았습니다. 늘 격투기에 대한 생각만 하고, 철저히 계획대로 운동을 하니 수철이의 사이클에 맞춰 함께 운동을 하는 선수들이 많았어요. 그런 상황이 되었어도 수철이는 제게 매일같이 문자메시지를 보내왔습니다. 내용은 항상 같았죠. 오늘 무슨 운동을 해야 하냐고 묻는 것. 수철이와 아주 가까운 사람들은 관장님에게 너무 의지를 하는 게 아니냐는 걱정의 말을 건네기도 했지만, 수철이는 그걸 당연하게 생각했어요.

그런데 챔피언이 된 후 어느 날, 수철이가 갑자기 거품을 물고 쓰러졌습니다. 급히 병원으로 이송되었는데, 원인은 오랜 시간 동안 모든 정신이 경기에서 승리하는 것에만 맞춰져있어 찾아온 마음의 병이었어요. 10년간 몸과 마음이 극도의 긴장 상태를 유지했으니 더 이상 버티지 못하고 무너진 거죠. 수철이는 자기 자신에 대한 관리뿐만 아니라 후배들에 대한 애착도 남달랐습니다. 그래서 더 힘들었을 거예요. 저 역시 그래왔기에 그 마음을 충분히 이해할 수 있었습니다.

수철이 말에 의하면 자기는 원래 바다만 봐도 눈물이 나는 감성을 가진 사람인데, 관장님이 강한 사람이 되라고 해서 그동안 다른 사람으로 살아왔다는 겁니다. 물론 자신도 원했던 일이기 때문에 강해진 것에 대해 후회하거나 원망하지는 않지만, 병원에서 이제는 원래의 자기로 돌아가라고 했다는 거예요.

그해에 수철이는 은퇴를 선언하고 병원에서 긴장을 낮추는 약물치료를 받았습니다. 은퇴 이유로 군대를 가야 한다고 발표했지만, 정신과 치료를 받고 있기 때문에 아마 군대는 가지 못할 겁니다. 그 일로 인해서 한동안 저도 많은 자책을 하며 지내야 했습니다. 제자에게 맞지 않는 옷을 억지로 입혔다는 생각에 무척 괴로웠어요.

―
경기에서 패배한 김수철 선수는 많이 지쳐 보였다.

국가대표에서 야쿠자가 된 파이터

야쿠자 김재훈 선수는 검도 청소년 국가대표 출신입니다. 검도 특기생으로 일본 땅을 밟았죠. 당시 일본 신문에 실린 기사를 보면 꽤나 유망주였던 모양이에요. 그런데 편의점에서 아르바이트를 하다 야쿠자 보스에게 스카우트가 되었고, 보스의 수행 비서를 하게 되었다고 합니다. 야쿠자 출신이라는 것과 거친 외모가 좋지 않은 선입견을 주지만, 자세히 뜯어보면 귀엽기도 하고, 말썽꾸러기 느낌도 들고, 참 여러 가지 이미지를 가진 선수예요.

처음 우리 회사에 들어왔을 때는 선수들의 매니저 일을 시켰습니다. 워낙 거친 인생을 살았던 친구라 자존심이 강해 자기

뜻에 어긋나는 일을 겪게 되면 견디지 못하고 폭발해버릴 가능성이 다분했거든요. 그런 성격을 순화시킬 시간이 필요했어요. 누군가를 돌봐주면서 바닥부터 다시 시작하라는 뜻이었죠. 걱정과는 달리 문제없이 매니저 일을 잘 수행했습니다.

그런데 운동을 시작하면서 힘든 훈련을 하고, 상대에게 맞기도 하고 그러다보니 옛날 성격이 나오더군요. 기분이 나쁘다고 대드는 일도 자주 있었습니다. 스파링을 할 때 전진 스텝을 밟으라고 하면 욕설을 내뱉으며 시키는 대로 안 하는 경우가 비일비재했어요. 참 말을 안 듣는 선수였죠. 그럴 때마다 경고를 주고는 했는데, 시간이 흐를수록 그런 모습도 차차 수그러들더군요.

데뷔 초반 연패가 이어지면서 악플이 심했을 때는 본인도 많이 힘들었을 겁니다. 그러나 김재훈 선수처럼 멘털이 긍정적인 친구도 없어요. 지금은 누구보다도 겸손하고, 친절한 모습을 보여주는 선수입니다.

—
야쿠자 파이터 김재훈 선수의 체육관 오픈 날

두려움을 극복한 북파공작원

종대는 HID(북파공작원) 출신입니다. 처음 만났을 때 무슨 범죄자를 보는 느낌이었어요. 누구한테 맞아도 전혀 아파하지 않을 것 같은 그런 친구였죠. 한번 싸움을 시작하면 죽이기 전에는 멈추지 않을 것이란 생각이 드는 야수 그 자체였습니다.

그런 종대가 밥 샙과 경기를 가진 적이 있어요. 경기 당일 대회 준비를 하고 있는데, 종대의 세컨에게서 전화가 걸려왔습니다. 다짜고짜 종대가 시합을 안 뛰겠다는 거예요. 이유를 물었더니 밥 샙이 너무 무서워서 경기를 못하겠다는 것이었습니다. 얘기를 듣고는 제 귀를 의심했죠. 시합이 몇 시간 남지 않았는데, 게다가 메인이벤트인데, 이게 무슨 말 같지도 않은 소리인가 싶었어요. 그런데 세컨 말에 의하면 종대가 지금 제정신이 아니

K-1 월드그랑프리 우승자 출신 '야수' 밥 샙

라는 거예요. 10년 동안 종대와 함께했지만, 처음 보는 모습이라고 하더군요. 평소 전혀 길들여지지 않아 오로지 본능에 의지해 싸우는 것처럼 보일 만큼 거친 모습의 종대였기에 상대가 무서워 도망치겠다는 말이 도무지 믿기지 않았습니다. 게다가 매치를 결정할 때도 반드시 이길 자신이 있다고 큰소리를 치기에 성사시킨 경기였기 때문에 더 이해가 안 됐어요.

나중에 들은 얘기지만, 계체량 때 밥 샙을 마주하고보니 자신보다 2배는 더 큰 덩치에 완전히 기가 꺾였다고 하더군요. 아무튼 시합 시간이 다가오자 종대는 긴장을 넘어 극도로 불안해하기 시작했습니다. 제가 아는 종대는 정말 그 누구보다도 힘이 세고, 두려움이 없는 선수였기에 그 상황을 지켜보고 있으려니 저도 모르게 웃음이 나오더군요.

결국 마음을 다잡고 케이지에 오른 종대는 초반 밥 샙의 돌격과 그라운드 기술에 당황하는 모습을 보이기도 했으나, 이내 한 마리 야수로 돌아왔습니다. 자신보다 2배는 큰 밥 샙을 맞아 힘에서 밀리지 않고, 오히려 거칠게 몰아붙여 2라운드 TKO 승리를 거뒀죠.

종대뿐만이 아니라 상대가 무서워 경기를 포기하겠다는 의사를 보이는 선수들이 간혹 있습니다. 격투기 선수도 사람이니 자신보다 강한 상대와 싸우는 것에 두려움을 느끼는 건 당연할지도 모릅니다. 하지만 그런 나약함을 극복하지 못하면 절대 최고의 자리에 오를 수 없겠죠. 종대와 밥 샙의 대결은 지금 생각해봐도 참 재미있으면서 아찔했던 경기였습니다.

밥 샙과의 대결에서 승리한 제자 김종대 선수

코가 커서 불리했던 개그맨 이승윤

서울의 한 호텔에서 승윤이를 처음 만났습니다.
이런저런 얘기를 나누다가 대뜸 계약서에 도장 찍고 시합을 뛰자고 했어요. 그랬더니 핑계를 대며 자꾸 빠져나가려고 하더군요. 집에 가서 생각 좀 해보고 연락을 하겠다는 거예요. 그래서 뭘 집에 가서 생각을 하냐고, 할 건지 말 건지 지금 결정하라고 했죠. 대답을 못하고 뜸을 들이기에 그냥 하는 걸로 알겠다고 했더니 마지못해 알았다고 하더라고요. 그렇게 승윤이의 격투기 데뷔전 계약이 이루어졌습니다.
나중에 더 가까워진 후에 들은 얘기인데 제가 건달이나 양아치처럼 보였고, 계약 이야기를 나누면서 뭔가 잘못되고 있는 것 같았지만, 무서워서 어쩔 수 없이 사인을 했다고 하더라고요.

아무튼 고맙기도 하고, 미안하기도 하고 그랬죠. 그래서 승윤이의 스케줄에 맞춰 매일 서울까지 올라가 운동을 시켰어요. 몇 개월을 그렇게 하다보니 프로모터와 선수의 관계가 아니라 스승과 제자 같은 사이가 됐습니다.

승윤이는 리치가 긴 것도 아니고, 다른 신체 조건 역시 좋지 않았지만, 시간을 쪼개가며 열심히 훈련했습니다. 승윤이를 훈련시킬 때 스파링만 하면 자꾸 코피가 나서 어려웠던 기억이 생생해요. 코가 너무 커서 얼굴에 펀치를 허용하면 코만 맞았던 거죠. 결국 실제 시합에서도 코피를 흘리더군요. 크게 다친 것도 아닌데, 만신창이처럼 보이는 상황이 만들어졌습니다.

준비는 열심히 했지만, 그땐 로드FC 초창기였기에 마케팅

― 자연인 이승윤이 도시에 내려올 때는 제자로서 찾아온다.

STORY 5 인연의 무게

데뷔전임에도 거침없이 돌진하는 개그맨 이승윤

에 대해서도 전혀 모르고, 모든 것이 어설퍼 많이 띄워주지 못했던 게 지금까지도 마음에 걸려요.

승윤이를 만나보면 정말 재미있고 열심히 하는데, 톱스타가 되지 못하는 게 옆에서 보기에 무척 안타까웠습니다. 제가 해줄 수 있는 건 곧 잘될 거라는 응원의 말뿐이었죠. 착하고, 누가 뭐래도 묵묵히 자기 할 일을 해나가는 녀석이라 실제로 머지않아 기회를 잡을 거라고 생각했어요. 그러던 중 자연 속에서 사는 사람들을 만나는 프로그램이 인기를 얻으며, 승윤이 역시 많은 사랑을 받게 돼 지금은 마음이 참 흐뭇합니다.

이승윤과 로드FC 유망주들의 10 대 1 주짓수 대결 이벤트

타고난 싸움꾼 개그맨 윤형빈

형빈이는 정말 성실하게 운동을 했습니다.

군말 한번 없이 시키는 것 다 하고, 아무리 바빠도 운동을 거르지 않았죠. 형빈이는 스파링을 할 때 상대방에게 강한 펀치를 뻗지 않아요. 100% 실전용 선수입니다. 케이지에 오르니 차분해지면서 눈빛이 달라지더군요. 타고난 싸움꾼이더라고요. 형빈이 경기는 역대 최고 시청률을 기록할 만큼 사람들의 관심이 폭발적이었습니다.

그런데 형빈이의 경기를 두고 욕을 하는 사람들이 많았어요. 지금까지도 형빈이의 승리를 폄훼하는 시선들이 있는 것이 사실입니다. 하지만 형빈이는 실전 경험이 한 번도 없는 완전 아

일본 선수와의 데뷔전에서 KO로 승리를 거둔 개그맨 윤형빈

마추어였기 때문에 어떤 상대를 붙여줘도 버거울 수밖에 없었습니다. 냉정히 말하면 어떤 상대와 경기를 해도 질 가능성이 높은 선수였어요. 실제로 상대였던 선수는 일본 내에서 아마추어 경기를 몇 번 경험한 선수였습니다. 동급의 상대가 아니라 분명 상대의 전적이 훨씬 우위에 있는 매치였죠.

형빈이가 유명 연예인이기 때문에 로드FC에서 특별히 마케팅을 하지 않아도 사람들의 관심은 엄청났습니다. 상대가 일본 선수여서 더 화제가 됐어요. 누군가는 로드FC가 무리한 애국 마케팅을 펼쳤다고 하는데, 어떤 종목이라도 한일전은 그 자체로 화제가 됩니다. 한일전이라는 것을 강조하기 위해 만들었던 경기 포스터(일본 선수가 이마에 일장기를 두른 사진)를 보고 여러 가지 의미를 부여한 기사와 루머가 나돌았던 것이지, 당시 로드FC에서는 한 입식 여성 격투가의 복수를 한다는 콘셉트로 마케팅을 펼친 적이 단 한 번도 없습니다.

형빈이는 정말 선한 사람입니다.
장담하는데, 머지않아 자신의 분야에서 최고의 자리에 오를 거예요. 형빈이처럼 겸손하고, 착한 사람은 꼭 그렇게 되어야 합니다.

―
인스타그램에서 내가 팔로우한 유일한 한 명

의리의 기부천사 영화배우 김보성

보성이 형과 경기 계약을 할 때는 조건이 기부였습니다.

계약을 하려는데, 갑자기 자신이 출전하는 대회의 모든 수입을 기부하자는 거예요. 그래서 미안하지만 형이 경기를 한다고 해서 티켓이 아주 많이 팔려 큰 수익이 발생하는 것도 아닌데, 어떻게 기부를 하겠냐고 했죠. 대회를 개최할 때마다 마이너스가 되는 금액을 사비 털어 메꾸고 있는 현실에서 기부는 먼 나라 얘기였거든요. 그랬더니, 그러면 티켓 판매 금액, 스폰서 비용이라도 전액 다 기부하자고 하는 겁니다. 사실 그런 비용을 모아 선수들 파이트머니, 경기장 대관비, 심판 및 관계자들 비용, 각종 운영비에 조금이라도 보태야 하는데, 기부를 하자니 말문이 막혔죠. 결국 보성이 형 출전 대회 경비는 모두 제가 부담

로드FC 데뷔전 기자회견에서 소아암 환자 가발 제작을 위해 삭발을 하고 있는 영화배우 김보성

하고, 들어오는 돈은 전부 기부를 하자는 얘기였어요. 그런데 자기를 달라는 것도 아니고 기부를 하자는데, 계속 싫다고 하는 게 너무 찌질하더군요. 속은 시커멓게 멍들었지만 형의 뜻대로 하겠다고 했죠.

결정된 후부터는 어떻게 마케팅을 할지에 집중했습니다. 항상 장발이라는 이미지를 가지고 있으니 스포츠머리로 싹 밀어 줘야겠다고 생각했어요. 잘라낸 머리카락은 형이 좋아하는 기부를 하자고 했죠. 지금 와서 생각해보면 스포츠머리를 한 보성이 형의 사진 한 장이 사람들의 기억에 깊게 새겨진 것 같아요.

훈련은 그동안 출전했던 유명인 중 제일 열심히 못했습니다. 아무래도 나이가 있으니 조금만 강하게 하면 여기저기 아팠던 거죠. 그래도 하루에 몇 번씩이나 전화를 걸어왔습니다. 매번 티켓을 몇 장 팔았는지 체크하더라고요. 티켓 판매 수익을 십 원 단위까지 확인했어요. 나중에 안 사실이지만, 제가 떼어먹을까 봐 그게 걱정됐던 겁니다. 살면서 워낙 많은 사기를 당하기도 했고, 기부를 할 돈이니 더 챙겨야 한다는 책임감 같은 게 있었던 거죠.

대회를 마치고 정산을 해보니 그 대회에서 8~9천만 원 정도의 매출이 있었습니다. 그 돈은 고스란히 삼성병원에 기부를 했어요. 보성이 형 덕분에 저는 그 대회에서 3~4억 원의 빚을 떠안았습니다. 큰 빚은 생겼지만, 기분이 나쁘지는 않았어요. 어쩌면 그동안 치렀던 수많은 대회 중 가장 보람을 느꼈던 대회가 아닐까 하는 생각도 듭니다.

승윤이, 형빈이, 보성이 형 같은 연예인이 경기를 하게 되면 정말 열심히 가르쳐줍니다. 전혀 다른 분야의 일을 하는 사람들이 경기를 갖는다는 건 진정성을 의심할 필요가 없거든요. 함께 훈련하고, 경기를 뛰고 그러다보면 가족 같은 연대감이 형성되

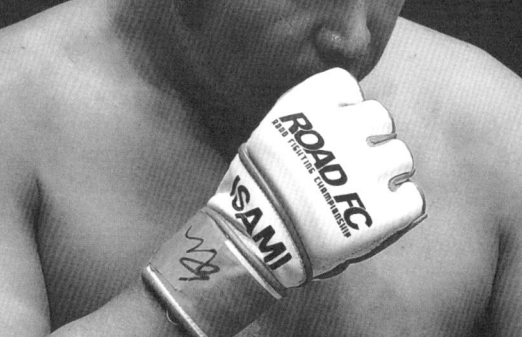

밥 샙, 김보성, 박상민, 김재훈 선수 등과 원주의 전통 시장을 방문해 무료 공연을 하던 날

면서 그들도 무척 고마워해요. 자신들도 단체에 무언가 도움이 되고 싶어하죠. 그럴 때 제가 말하는 건 딱 두 가지입니다. 격투기하는 동생들을 잘 챙겨달라는 것과 우리가 행사할 때 참석해서 선수들을 빛내달라는 것. 고맙게도 그 약속들을 정말 잘 지켜주고 있습니다.

간혹 제자들이 체육관을 오픈하면서 전단지에 우리와 가까운 연예인 사진을 넣어 만들 때가 있어요. 사실 요즘같이 초상권 문제가 민감한 시기에 큰일 날 일이죠. 하지만 누구 하나 문제 삼지 않습니다. 또, '사랑 나눔' 행사를 할 때면 꼭 참석해서 선수들과 함께 고아원도 같이 가고, 봉사활동도 하고 그래요.

이제는 진짜 식구가 되었죠.

일상과 이상

하나의 대회를 마무리하고 나면 굽네치킨 경호 형과 뒤풀이를 하곤 합니다. 허전한 마음을 달래려 이런저런 이야기를 나누며 시사를 하죠. 한번은 대회가 끝난 후 둘이서 편의점에 앉아 컵라면을 먹으며 몇 시간 동안 수다를 떤 적도 있어요.

1년에 한두 번은 경호 형과 여행을 떠납니다. 부산에서 며칠 동안 머물며 휴식을 취하기도 하고, 외국에 나가 특별한 것들을 보고 오기도 해요. 언젠가는 둘이서 요트를 빌려 타고 바다로 나간 적이 있는데, 이런 얘기를 나눴던 기억이 납니다.

"너는 로드FC를 왜 하니?"

"글쎄, 지금은 나도 잘 모르겠네…."

굽네치킨 홍경호 회장님과 차 한잔을 마시며 많은 대화를 나눈다.

"힘들면, 그만해."
"힘들긴 너무너무 힘든데, 그만둘 수가 없어."
그러자 형은 운전을 해주시던 요트 주인에게 물었습니다.
"사장님, 이 요트 얼마예요?"
"000 정도 합니다."
"문홍아, 우리가 지금까지 로드FC 대회에 들인 돈으로 요트를 샀으면 몇 십 대는 샀겠다. 다 그만두고 요트 하나 사서 신나게 놀러 다닐까?"

그때 저는 형의 말에 아무 대답도 못하고 쓴웃음만 지었습니다.

긴 시간 이 일을 하다보니 문득 많이 지쳤다는 생각이 듭니다. 특히 요즘은 예전과 달리 일을 할 때 보람을 찾지 못하겠어요. 어려운 환경에서 열심히 운동하는 선수들에게 조금씩 후원만 해주고 살면 적이 생길 일도 없고, 많은 사람에게 존중받으면서 살 수 있을 텐데, 굳이 거센 풍랑을 헤치며 답이 없는 길을 찾아나가야 하는 건지 회의감이 들 때가 종종 있습니다.

어린 시절부터 일만 하고 살았기 때문에 이제는 좀 내 삶을 살고 싶다는 바람이 있어요. 그래 봐야 매일 아침 치악산에 오르는 일, 생각만 해도 기분 좋아지는 지인들을 집에 초대해서 맛있는 것을 함께 먹고 추억을 이야기하며 소소한 하루를 보내는 게 다일 테죠.

요즘은 그렇게 좋아하던 커피도 밤에 잠을 설쳐 잘 마시지 못해요. 지금은 그런 평범한 일상이 무척 그립습니다.

| STORY 6 |

식구가 된 사람들

격투기의 제왕
의리의 아이콘

    2016년 나는 로드FC 035 대회에 출전했다. 목적은 단 하나, 완치율이 80%에 달해 우리 사회의 많은 관심이 필요한 소아암 환우들을 돕기 위해서 내린 결정이었다.

    시합을 두 달 앞두고 MBC <진짜 사나이>에 출연했는데, 레펠 훈련 과정에서 생명줄을 놓고 뛰어내려 큰 사고를 당할 뻔한 일이 있었다. 그때는 조교님을 믿는 마음도 있었지만, 나눔 홍보에 대한 욕심이 컸기에 과욕이 부른 해프닝이었다. 방송을 본 정문홍 대표는 너무나 무모한 행동이었다며 질책을 했고, 나 역시 인정할 수밖에 없는 얘기였다. 만약 그때 사고가 발생했다면 격투기 경기를 치르지 못했을 뿐만 아니라 크게 다쳤을지도 모른다.

또, 시합 날짜가 다가올수록 기부와 관련한 여러 가지 일들로 인해 정 대표와 마찰을 빚는 일이 잦았다. 오죽하면 내가 스파링 말고 막싸움 한판 하자고 제안할 정도였으니까.

이처럼 경기를 치르기까지 우여곡절이 많았지만, 소중한 생명을 살리겠다는 마음은 늘 같았고, 고아원 봉사, 척수성 근위축증 아이들을 위한 스핀라자 캠페인 등을 함께하며 암묵적 동지애를 느낄 수 있었다. 정문홍 대표와 소아암 아이들 돕기에 한뜻으로 뭉쳐서 나눔의 의리를 펼쳤던 날이 엊그제 같은데, 그게 벌써 2016년의 일이라니 시간이 정말 빠른 것 같다.

정 대표는 격투기 선수들, 즉 파이터들에 대한 사랑이 정말 남다르다. 겉으로는 무심한 듯하지만 뒤돌아서면 따뜻한 정이 넘치는 사나이다. 평소 까불대고 장난기 많다가도 파이터들이 어려운 상황에 처하면 자신의 일인 양 심각해진다. 이는 나뿐만 아니라 나와 함께 땀 흘리고 훈련하던 파이터들이 이구동성으로 확인해준 이야기다.

정 대표는 술을 잘 못 마신다. 그래서 사나이들의 뜨거운 정을 술자리에서 나누지 못하는 아쉬움이 있다. 하지만 꼭 말로 하지 않아도 무언가 묵직한, 보이지 않는 의리가 느껴지는 사람이다. 지금도 원주의 치악산에 오를 때는 가끔 영상 메시지를 보내오는데, 말은 안 했지만 영상을 보고 있으면 왠지 모르게 위로를 받는 느낌이 들어서 무척이나 반갑다.

대한민국 종합격투기를 위해 온몸을 던진 정문홍 대표.
코로나로 힘들었던 대한민국이 훌훌 털고 다시 일어설 것을 의심한 사람은 없을 것이다. 로드FC의 전성기는 아직 시작되지 않았고, 이를 의심하는 사람도 없다. 로드FC가 멋지게 비상할 때까지 서로를 위로하며 파이팅하기를!
정문홍 대표 파이팅! 의리!

영화배우 김보성

한국 격투기의 보물

언젠가 함께 차를 타고 가던 중 정문홍 대표님이 내게 말했다.

"너 내가 좋은 차 타고, 집도 몇 채 있고, 체육관도 몇 개씩 운영하고 그러니까 돈이 많아 보이지? 살다보니 있어 보여야 사람들이 무시하지 않고, 오히려 더 도움을 주려고 하더라. 나는 사람들이 나를 무시하는 것도 싫고, 격투기를 무시하는 것도 싫었다."

나는 대표님의 이야기에 귀를 기울였고, 정 대표님은 그동안 담아두었던 생각들을 스스럼없이 들려주었다.

"내가 왜 격투기 대회를 개최하는지 알아? 우리나라 선수들이 외국으로 헐값에 팔려가고, 뻔히 지는 시합 또는 사전에 지기로 약속한 땜빵 시합이나 뛰러 가고 그런 걸 보는 게 무척 불편했어. 또, 무명 선수들이나 신인 선수들은 어떻게라도 링에 한번

올라가보고 싶어서 유명한 선수와 팀을 쫓아다니며 심부름하고, 밥값 내고, 아부하고 그런 모습들이 너무 보기 싫었다. 너도 지방 체육관 출신이라 잘 알 거야."

그 당시 우리나라에는 종합격투기 시합이 전무했던 때였기에 정 대표님의 말은 모두가 공감할 수밖에 없는 이야기였다.

처음 정문홍 대표님을 만났을 때 사실 나는 그를 믿지 못했다. 지방 체육관 출신으로서 가지고 있는 선입견 때문이었는데, 내게는 수도권의 유명 체육관들 그리고 그 체육관에 소속된 선수들에 대한 이미지가 별로 좋지 않았다. 그때까지 내가 알고 있던 그들은 마치 자신들이 뭐라도 되는 양 남에게 밥을 얻어먹는 것, 돈 받아 쓰는 걸 당연하게 생각하는 사람들이었기에 쉽게 믿기 어려웠다. 정 대표님이 차에서 내게 해준 이야기를 들었을 때도 자신의 제자들이 뛸 무대가 없어 대회를 운영하는 것으로 받아들였다.

하지만 오랜 시간 수많은 사건과 사고들을 겪으면서도 로드FC라는 무대를 지켜내는 모습을 보며 생각을 바꿀 수밖에 없었다. 조금 유명해졌다고 자만하면서 혼자 잘 먹고 잘살려는 사람들과 달리 정작 이 업계에서 가장 주류에 속한 정 대표님은 어떠한 손해를 입더라도 로드FC를 놓지 않았다. 지금도 정 대표님은 지방에 있어 다소 소외된 체육관의 관장님들을 대상으로 세

권아솔 선수와 함께 구보로 치악산을 오르고 있다.

미나를 열고, 기술 교육의 기회를 제공해 그들에게도 좋은 선수를 배출할 수 있는 길을 열어주고 있다. 이런 일들을 지속적으로 하기 위해서는 많은 비용이 소요되는데, 정말 이 스포츠를 사랑하지 않으면 그렇게 할 수 없을 것이다.

자신이 한 말에 대한 무게를 누구보다도 잘 알고, 끝까지 책임질 줄 아는 남자. 정문홍 대표님은 한국 격투기의 보물이라고 말하고 싶다.

종합격투기 선수 권아솔

격투기를 통해 내가 얻은 것

로드FC 1회 대회를 앞두고 정문홍 대표님과 만났다. 처음 열리는 대회이다보니 대회사 측에서는 대중에게 널리 알리기 위해 화제성 높은 이벤트가 필요했을 것이다. 대회사에서 "연예인 중 한 명이 격투기 경기에 도전해보면 어떨까?"라고 생각을 하는 상황이었고, 격투기를 동경했던 내게도 마침 좋은 기회였기에 도전해보고 싶은 생각이 들었다.

하지만 대표님을 처음 만났을 때 내 머릿속은 복잡했다. 격투기 경기를 하는 것이 과연 내게 어떤 득이 되고 어떤 것을 잃게 될지, 내게 보상은 어떻게 해줄지 등 수많은 생각으로 가득했기 때문이다. 대표님이 보기에 아마 내 눈동자는 심하게 흔들리고 있었을 것이다. 물끄러미 지켜보던 대표님이 이런 말을 했다.

"나는 우리나라에서 종합격투기가 뿌리를 내릴 수 있기 바라고, 경기를 뛰고 싶어하는 선수들에게 무대를 마련해주려고 합니다. 본인이 도전하고 싶다면 하면 되고, 이걸로 뭔가를 빼먹고 싶다면 딱히 줄 게 없으니 돌아가도 좋습니다. 확실한 것은 이승윤 씨에게 무언가를 주려고 대회를 개최하는 것이 아니라 선수들에게 무언가를 주려고 하는 것입니다. 하지만 그럼에도 불구하고 진짜 도전해보고 싶은 마음이 있다면 그 도전이 헛되지 않도록 돕겠습니다. 진정성 있게 임한다면 분명히 얻는 것이 있을 것입니다."

그 말을 듣고 내 머릿속은 깔끔하게 정리가 되었다. 내가 동경했던 분야에 도전하는 데 나의 의지 말고 다른 것은 생각할 필요가 없었다. 내 자신에게 부끄럽지 않도록 최선을 다하면 되는 것이었다.

결국 대회에 출전하기로 결정을 했고 훈련에 들어갔다. 근육만 있었지 제대로 된 격투기 훈련을 해보지 않았던 내게 대표님의 특훈이 시작되었다. 대회까지 두 달 정도 남은 상황이었는데, 진짜 하루도 빠짐없이 매일 원주에서 서울까지 올라와 나를 지도해주었다. 일주일에 하루 이틀 정도는 다른 사람을 보내서 지도할 법도 했지만, 매일같이 아침마다 찾아와서 이것저것 세세하게 알려주었다. 정 대표님은 이벤트가 성사됐으니 끝이라고 생각한 것이 아니라, 로드FC를 위해 출전을 결정한 내게 고마운 마음을 가지고 대회에 나가기 직전까지 최선을 다해 훈련을 지도했다. 그 진심을 알았기에 나 역시 대회에 누를 끼치지 않도록 최선을 다해 준비했다.

그렇게 첫 시합을 뛰었고 결과는 패배로 끝났다.

하지만 최선을 다했기에 후회는 없었다. 승패가 결정되고 링 위에 서있는데, 피범벅이 된 내 얼굴을 수건으로 닦아주며 눈물을 흘리던 대표님의 모습이 기억에 남는다. 아마 열심히 해줘서 고맙다는 눈물이었을 것이다. 그 모습을 본 나도 함께 눈물을 흘렸다. 그냥 뭔가 가슴이 벅차오르면서 나를 위해 최선을 다해준 대표님이 정말 고마웠다. 지금 생각하면 손발이 오그라들긴 하지만….

결국 나는 그 경기를 통해 많은 것을 얻을 수 있었다. 후회 없이 최선을 다했을 때 뒤따라오는 성취감, 앞으로 살아가는 데 그 어떤 것도 해낼 수 있을 것 같은 자신감, 그리고 정문홍이라는 좋은 스승님이자 형을 얻게 된 것이다.

대표님은 격투기뿐만 아니라 내 인생에도 큰 가르침을 줬다. 하고 싶은 일을 하는데 이런저런 계산은 필요 없다는 것, 내가 후회하지 않도록 최선을 다한다면 계산했던 것보다 훨씬 값

늘 애교스럽고 유쾌한 개그맨 이승윤

진 결과가 따라오게 된다는 것을 배웠다.

　참 오랜 시간 격투기만 생각하며 한길을 걷고 있는 정문홍 대표님을 보면 대단하다는 생각이 든다. 언제나 그랬듯 어떤 어려움이 있어도 로드FC는 이겨낼 것이고, 나 역시 언제까지나 곁에서 응원할 것이다.

개그맨 이승윤

인연과 이연

내가 아는 정문홍 대표님은 참 사람을 좋아하고 거짓말을 할 줄 모르는 순수한 분이다. 많은 사람들이 '가오형'이라 부를 정도로 첫인상은 조금 어렵고 권위적으로 보이지만, 그 벽을 넘고 나면 진짜 내면의 얼굴을 마주할 수 있다. 숫기 없고, 쑥스러움도 많으나 자신이 서있는 자리의 무게를 버티기 위해 그럴 수밖에 없다는 걸, 사실은 참 해맑은 웃음을 가진 소년 같은 사람이라는 걸 알 수 있다.

처음부터 정 대표님과 절친하고 가까웠던 건 아니다. 나와 어린 시절부터 친한 사이였던 서두원 선수의 소개로 알게 되었고, 이후 커피를 마실 때나 식사 자리에 종종 함께하는 어른으로 느낄 정도의 사이였다. 팬으로 먼발치에서 보기에도 고단하고 암울하던 종합격투기판에 토종 국내 단체를 만들겠다며 기꺼이 큰 짐을 짊어지고 동생들을 이끈 든든한 큰형님. 내게 정 대표님은 그런 분이었다.

    그래도 그 시절이 참 재미있었다. 종합격투기 무대가 만들어지고 매스컴을 통해 알려나가면서 상상만 했던 일들이 조금

커피 한잔만 앞에 있으면 언제 어디서 모여도 즐거운 식구들

씩 이루어지자 모두가 신바람을 내던 날들. 정 대표님도, 따르는 친구들도, 또 나도 모두가 순수하게 즐거웠던 시절이었다.

그렇게 하나둘 결실의 열매가 맺힐 즈음 서두원, 송가연 두 사람과 정 대표님 사이에 불미스러운 이야기들이 나오기 시작했다(나도 지금 코미디엔터테인먼트 회사를 운영하고 있지만, 어린 친구들 중에는 열매를 맺을 때쯤 어리석은 선택을 하는 경우가 많아 그런 부분을 경계하라고 말해주고 싶다). 그때만 해도 나는 누구보다 친했던 서두원, 송가연 선수의 고민을 정 대표님께 전해야 하는 입장이었다. 그런데 진실을 알게 될수록 아무 죄가 없는 정 대표님이 참 안됐다는 생각이 들었다. 누구보다 양쪽의 상황과 사실을 잘 아는 사람으로서 말도 안 되는 억측과 루머에 안타까움을 감출 수 없었고, 모진 비난에도 동생들을 지키며 최악의 상황만은 막으려 끝내 말을 아끼는 정 대표님의 모습이 존경스러웠다. 이후 진실은 밝혀졌고, 정 대표님과 나의 인연은 지금도 매일 하루씩 쌓여가고 있다.

누군가에게 폐를 끼칠까 늘 조심하는 사람, 좋은 일을 하는 것이 큰돈을 버는 것보다 큰 명예를 얻는 것보다 중요하다고 생각하는 사람, 강한 사람에게 굽히는 것을 죽기보다 싫어하고 약자에게는 따뜻한 사람, 마음먹은 일은 반드시 해내고 마는 사람,

이제는 지겹다고 입버릇처럼 말하면서도 그 누구보다 격투기를 사랑하는 상남자. 내게는 이 정도가 정 대표님을 생각하면 자연스레 떠오르는 이미지들이다.

 늘 동생들과 로드FC의 앞날에 대한 걱정으로 자신은 뒷전이신 분. 좋은 사람들과 모여 고기 한 점 구워 먹을 수 있으면 그걸로 행복한 거라고 말씀하시던 정 대표님의 앞날에 꽃길만 가득하기를 바라며, 대표님의 가장 가까운 곳에서 언제까지나 함께하고 싶다.

개그맨 윤형빈

우리 관장님

관장님과의 첫 만남이 기억난다.

고등학교 1학년 때 처음 체육관을 찾아간 날이었다. 운동을 하러 간 이유는 단순했다. 강해지기 위해서. 나는 왜소한데다가 몸이 약하기까지 해 초등학교 때부터 또래 아이들에게 많은 괴롭힘을 당했다. 그래서인지 강인한 육체에 대한 로망이 있어 중학생 시절 복싱, 태권도를 배웠지만, 재미있지 않았다. 나는 더 강력한 무언가를 찾았고, 고등학생이 되어서야 집에서 5분 거리에 위치한 종합격투기 체육관을 찾아갔다.

그때 전화를 받은 사람이 굉장히 까칠하고 친절하지 않았는데, 지금 생각해보면 관장님이었던 것 같다. 아무 때나 저녁 시간에 오면 된다는 안내를 받고 다음 날 저녁 무작정 체육관으로 갔다. 문을 열고 들어서자 세 명의 남자가 보였다. 두 명은 관장님의 제자, 즉 미래의 내 선배들이었고 나머지 한 명은 관장님이었다. 인상 깊었던 건 겨우 세 명이 넓은 도장을 가득 채우는 아우라를 뿜어내고 있었다는 것이다. 한겨울이었음에도 상의를 벗고 있었고, 몸들이 굉장히 좋았다. 살면서 진짜 근육을 본 건 그때가 처음이었던 것 같다.

인사를 하자 내게서 고등학생 특유의 껄렁껄렁한 기운이 풍겼는지, 관장님은 나를 쓱 한번 쳐다보시더니 말했다.

"너 운동 좀 했냐? 스파링 한번 해볼래?"

그때 내가 왜 그랬는지 모르겠지만, 곧바로 나지막한 목소리로 대답했다.

"네, 할게요."

지금 같으면 못한다고 했을 텐데, 그 당시에는 아마도 무언가를 보여줘야겠다는 생각을 한 것 같다. 이후 두 명의 관중(?)이 지켜보는 앞에서 관장님과 스파링을 했다. 어쩌면 당연하겠지만, 나의 완벽한 패배였다. 나는 관장님이 주먹과 다리를 뻗을 때마다 픽픽 쓰러지기 바빴다. 그래도 복싱하고 태권도를 2년 넘게 했는데, 내 자신이 이렇게 약했는지 참 부끄러웠다. 그렇게 개운하게 누웠다 일어나기를 몇 번 반복하고 나서야 스파링이 끝났다. 그리고 관장님이 하신 말씀.

"앞으로 까불지 마라."

그 말이 내게는 제대로 먹혀들었고, 저분처럼 강해져야겠다는 결심을 하게 되었다. 그 다음 날부터 나는 관장님과 같이 운동을 했다. 당시 내가 아는 체육관 관장님들은 자신이 아는 것만 가르쳐주고, 성에 차지 않으면 매를 드는 경우가 많았다. 그런데 우리 관장님은 서울까지 가서 새로운 기술을 배워왔고, 다시 우리에게 가르쳐주는 형태로 훈련을 지도해주셨다. 우리와 함께 운동을 하셨고, 매가 아닌 스파링을 하며 주먹을 섞으셨다. 분명 그때까지 내가 겪었던 지도자들과는 정반대인 사람이 우리 관장님이었다.

체육관을 다니며 3개월까지는 그동안 아르바이트를 해서 모아둔 돈으로 관비를 냈다. 우리 부모님은 내가 종합격투기 체육관에서 운동하는 것을 못마땅하게 생각하셨고, 관비를 일체 지원해주지 않으셨기 때문이다. 4개월차에 접어들며 모아둔 돈이 다 떨어지자 관비를 내지 못해 눈치 보며 체육관을 드나들었다. 그런데 한 달 두 달이 넘어도 관장님은 아무 말이 없었고, 너무 아무 말이 없으니 '관비를 안 내도 되는 건가?'라는 생각이 들 정도였다.

좀 더 시간이 흐른 어느 날 사범 형님이 말을 걸어오셨다.

"수철아, 관비 안 내고 있지?"

나는 사범 형님의 눈을 쳐다보지도 못한 채 나지막이 대답

챔피언에 오르는 순간 눈물을 흘리던 제자 김수철

했다.

"네…, 죄송합니다."

그러자 사범 형님은 관비 문제를 관장님께 한번 물어보고 자신에게 알려달라고 했다. 알겠다고 대답은 했지만, 당시 자신감 없던 나는 관장님께 말을 꺼낼 수가 없었다. 무서웠다. 차라리 관장님께서 먼저 내게 관비 얘기를 하시면 아르바이트를 하든, 부모님께 도움을 요청하든 해서 해결해야겠다고 생각했다. 그런데 이후로도 관장님은 관비 얘기를 전혀 안 하시고, 오히려 이전보다 더 잘 해주셨다. 다른 지역까지 데려가서 운동을 가르쳐주셨으며, 운동을 마치면 밥까지 먹여 들여보내셨다. 그 시절 나는 관장님께 인생에 도움이 되는 이야기들을 참 많이 들었던 기억이 난다.

10년이 넘는 시간이 흐른 지금, 관장님은 가까운 사람들과 있을 때면 나를 가리키며 관비도 안 내고 다닌 애라고 우스갯소리를 하시지만, 그 농담 속에서조차 나는 관장님의 따뜻한 마음을 느낀다. 어릴 적 내가 상처받지 않도록 마음 써주신 그런 일들은 지금 내가 관장님을 존경하고, 인생의 선배님으로서 정말 멋진 분이라고 생각하게 된 바탕이 되었다.

종합격투기 선수 김수철

로드FC 그리고 정문홍 대표

우리나라에 격투기 경기가 처음 열렸을 때, 그러니까 김미파이브, 스피릿MC 시절부터 나는 직접 경기장에 찾아가 선수들을 응원하고, 후원해왔다. 그러던 중 로드FC라는 단체가 생겨 1, 2회 대회를 TV로 봤는데, 화면에 비친 정문홍 대표의 첫인상이 좀 희한했다. 멀쩡하게 생긴 친구가 껄렁껄렁한 모습을 보이니 조금 우스웠다고 할까? 반면 나중에 들은 얘기지만, 정 대표는 대회장에 찾아온 나를 보며 이슈를 좇아 기웃거리는 연예인이라 생각했다고 한다. 정말 서로가 큰 오해를 한 건데, 이후 자주 만나면서 우리는 선입견과 오해를 확실히 풀 수 있었다.

처음 로드FC의 부대표를 맡아달라는 제안을 받았을 땐 고

로드FC의 든든한 큰형님, 로드FC 부대표 박상민

민이 되기도 했지만, 그의 진정성을 믿었기에 흔쾌히 수락했다. 정 대표와 나는 살아온 과정이 참 비슷하다. 엄마가 몇 십 년 동안 채소장사를 하셨다는 것, 그리고 형제 관계까지….

   정 대표는 겉으로 보기에 굉장히 강한 사람 같지만, 마음이 여리고, 사람을 한번 믿으면 끝까지 믿어주는 그런 스타일의 남자다. 그래서 지금은 내 친형제보다도 더 가깝고, 아낌없이 마음을 나눌 수 있는 그런 사이가 되었다. 먼 훗날 아름답고 멋지게 나이 들어 기분 좋게 오늘을 회상하는 정 대표와 나의 모습을 그려본다.

로드FC 부대표 박상민

대한민국 역사상 최고의 호구

　제가 문흥 형님을 처음 뵈었던 건 강남의 한 카페에서였습니다. 당시 격투기 해설자로 일을 하던 저는 K-1이 망하며 수입이 거의 없어져 학원에서 애들을 가르치고 있었는데, 방영권 문제 때문에 어떻게 다리가 놓여 처음으로 만나 뵙게 되었죠. 학원 수업이 늦게 끝나는 바람에 약속 시간에 좀 늦었는데, 처음 뵌 문흥 형님이 노골적으로 불쾌한 표정을 지으시던 게 생각납니다. 저도 좀 당황했죠. 그런데 대화를 하면 할수록 진심이 느껴졌다고 해야 할까요, 어떻게든 형님을 도와드려야겠다는 생각이 들더라고요. 형님도 기분이 나쁘지 않으셨는지 나중에는 승윤 형님도 부르시며 저녁까지 먹고 가라고 하셨지만, 저는 생계를 위해 학원으로 복귀해야 했습니다.

그렇게 시작된 인연이었는데, 몇 년 동안 형님 밑에서 열심히 배우며 직원들, 선수들과 함께 로드FC에서 최선을 다해 일했습니다. 로드FC 입사 전까지 약 15년간 이 판에서 구르며 정말 많은 분을 만났습니다. 일본 K-1이나 PRIDE의 대표님들, 한국 CJ미디어의 고위 관계자 분들, 한국 격투계 프로모터 분들, 그리고 돈을 대겠다고 약속했던 그 많은 스폰서 분들까지. 그런데 결국 그런 분들 다 제치고 문홍 형님 밑으로 들어가 최선을 다해 일했습니다. 겁 많고 신중한 제가 해설자로서의 커리어를 걷어차고 도대체 왜 그랬을까요?

문홍 형님은 제게 로드FC 대표를 맡아달라고 3년 넘게 요청을 하셨고, 저는 계속 거절했습니다. 결국 승낙을 하던 날 아침에도 저는 집사람에게 "오늘 더욱 확실히 거절 의사를 말씀드리고 올게"라고 말을 하며 집을 나섰죠. 그런데 정반대의 답을 한 후 돌아와 실토를 하니 황당해하던 집사람의 표정이 아직까지 선합니다.

저도 사실 아직까지 잘 모르겠습니다. 형님을 완벽한 사람으로 봐서? 로드FC 대표로 가면 큰돈을 벌 수 있어서? 당시 내 현실이 시궁창이어서? 다 아닙니다. 지금 생각해보면, 그날 뵌 형님의 얼굴이 사색이었던 게 너무 싫어서 충동적으로 로드FC에 입사하겠다고 말씀드렸고, 깜짝 놀란 문홍 형님은 남자는 말

세상에 둘도 없는 도덕책과 같은 남자, 김대환 전 대표

바꾸면 큰일 나는 거니까 한번 하기로 했으면 그대로 가야 한다고 더듬더듬 말씀하셨죠. 분당의 한 족발집에서 일어났던 일입니다.

저는 로드FC가 성공할 거라 생각해서, 로드FC로 큰돈을 벌 수 있을 거라 생각해서 그 일에 뛰어든 사람이 아닙니다. 외려 이쪽 비즈니스라면 치를 떠는 게 저입니다. 수많은 실패 사례들을 봐왔으니까요. 그럼에도 불구하고 로드FC에 합류했던 건 결국 문홍 형님 때문이 아닐까 싶습니다. 그 인간적인 매력에 코가 꿰어서 그런 거라 생각합니다. 그런데 단순히 그것뿐만 아니라 이 형님이 만일 손들고 나가면, 격투기 쪽에는 더 이상 미래가 없을 거란 불안함도 있었습니다. 그만큼 제가 형님을 존경하고 높이 평가하는 거겠죠.

한 가지 꼭 알아주셨으면 하는 건, 문홍 형님과 굽네치킨 회장님이신 경호 형님, 그리고 로드FC 중국 법인 회장님, 이분들은 대한민국 격투기 역사상 최고의 호구들이자 예수님들이라는 것입니다. 이분들이 안 계셨으면 로드FC의 발전은 없었을 거고 대한민국 격투계는 그냥 유명무실해졌을 겁니다. 제가 이분들의 위치에 있었다면 아마 이렇게까지는 못했을 거라고 생각합니다. 앞으로도 우리나라 격투계를 위해 베풀어주시는 이분들을 많이 응원해주세요. 그중 특히 문홍 형님의 유튜브 '정문홍(가오형라이프)' 채널에 오셔서 글을 남겨주세요.

더욱 열심히 하겠습니다. 감사합니다.

전 로드FC 대표 김대환

☙ epilogue ❧

이 책의 시작부터 마무리까지 어느새 10년 가까운 시간이 흘렀습니다. 그동안 로드FC에도 많은 발전이 있었고, 개인적으로는 다양한 일을 겪으며 더욱 성숙한 사람이 되는 시간이었습니다.

한 가지 아쉬운 건 책 출간을 앞두고 제 삶의 의미였던 어머니가 먼 여행을 떠나셨다는 것입니다. 이 책에서도 이야기했지만, 아무것도 아닌 제가 이만큼 성장할 수 있었던 건 모두 어머니 덕분인데, 제 마음속 이야기들을 들려드리지 못하고 보내드린 것이 못내 서운하게 느껴집니다. 어느 정도 여유가 생긴 이후부터는 어머니와 더 많은 시간을 보냈어야 했지만, 제가 그토록 성공을 꿈꾼 이유가 과연 무엇 때문이었는지 잊고 살았던 시간이 무척이나 후회로 남습니다.

그러나 아직 제게는 챙겨야 할 식구들이 많습니다. 멈추지 않고 달려야 할 이유가 남아있기에 오늘도 열심히 뛰려고 합니다. 이 책을 읽는 여러분은 부디 소중한 것을 잃지 않으면서 꿈꿔오던 것들을 반드시 이루길 바랍니다.

정문홍

불가능하다는 착각

1판 1쇄 인쇄 2022년 10월 20일
1판 1쇄 발행 2022년 10월 30일

지은이 정문홍
펴낸이 이연진
펴낸곳 연두m&b
주소 서울특별시 성북구 안암로 57-1
전화 070-7393-7394
팩스 02-6499-0490
등록 2012년 2월 29일 제2012-4호
홈페이지 www.ydmnb.com
네이버 카페 http://cafe.naver.com/ydmnb
이메일 ydmnb@naver.com

ISBN 979-11-86766-07-1 03810
값 17,600원

이 책을 만든 사람들
기획·진행 김중락
교정 강은영
디자인 닷웨이브 한채린

Copyright ⓒ 연두m&b Company All rights reserved.
First edition Printed 2022. Printed in Korea.

이 책은 연두m&b 가 저작권자와 계약을 통해 발행한 서적이므로
발행인의 승인 문서 없이는 어떠한 수단으로도 책의 내용을 이용할 수 없습니다.

※ 잘못된 책은 구입하신 서점에서 바꾸어 드립니다.